法律を学ぶ人の 会計学の基礎知識

International Financial Reporting Standards
International Accounting Standards
Statement of Financial Accounting Standards
Balance Sheet
Profit and Loss Statement
Cash Flows Statement
Monetary assets
Non-monetary assets
Historical cost
Market value
Present value
Fair value
Quoted market value
Specific-identification method
First-In, First-Out
Average-cost method
Retail method
Income Statement
Profit and Loss Statement
Cash Flows Statement
Cost accounting
Break-even point
Return on Assets

八ッ尾順一・村山周平 著

清文社

はしがき

　本書は、主として法律を学ぶ学生等を念頭に書かれた会計学の本である。法律の科目と会計学の接点は多く、例えば、会社法、租税法、倒産法などを理解するためには、会計学の基礎的な知識が必要であろう。また、司法試験の会社法では、財務諸表の一つである「貸借対照表」が試験に載っていたり、組織再編を理解するために会計の基礎的な概念を理解しなければならなかったりする。租税法でも、会社法上の企業利益をベースとして導かれる法人税の課税所得（課税標準）を理解するためには、会計学の基礎的な知識は不可欠である。倒産法も経済的な破綻状況に至った企業又は個人について、その財産の清算又は再建と債権者への配当を定める法であるから、会計の知識は当然必要となる。

　このように法律学の多くの側面において、会計学の知識が要求されているのである。本書は、そのような法律学を専攻している者のために、基礎的な会計学の知識を幅広く学ぶことができることを目的としている。

　したがって、貸借対照表、損益計算書、キャッシュ・フローなどの財務諸表の知識のみならず、その財務諸表を分析して、企業の経営成績や財政状態などを知る手法や経営管理に役立つ会計情報を提供する管理会計、また、企業集団としての財務諸表である連結財務諸表についても一つの章を設けている。

　更に、会計そのものがインターナショナルであるところから、国際会計を理解することが、昨今の会計学の潮流を理解する上で重要である。したがって、国際会計についても本書では基礎的な知識を得られ

るように配慮している。加えて、法人税の課税所得を計算する税務会計についても説明し、更に、企業の会計情報の適正性を担保する会計監査についても最終章で記述している。

　このように会計学の幅広い基礎的な知識を本書では得られるように記述している。また、『Advance』や『Comment』で、米国の最新の会計事情なども述べている。これらを読むことによって、更に会計学に興味を持つのではないかと自負している。

　本書は、法律を学ぶ者のために書かれたものであるが、もちろん、そのような者に限定しているものではなく、会計学の基礎知識を広く学びたい者にとっても役に立つ本であると考えている。

　最後に、本書の出版については、清文社の小泉定裕社長はじめ、同編集部の小西智子氏及び橋本佳澄氏にお世話になった。ここに厚くお礼を申し上げたい。

　平成27年1月

著　者

目次

第1章 イントロダクション

- 第1節 会計学（広義）の概要 …………………………… 2
- 第2節 財務会計と管理会計 …………………………… 4
- 第3節 会計情報と利害関係者 …………………………… 7
- 第4節 財務会計における法規と諸原則 ………………… 8
  - 1 法規 …………………………………………………… 8
  - 2 企業会計原則等 ……………………………………… 11

第2章 貸借対照表 ① 資産

- 第1節 貸借対照表の意義 …………………………………… 14
- 第2節 資産の意義 …………………………………………… 18
  - 1 資産の分類 …………………………………………… 18
  - 2 資産の評価 …………………………………………… 20
- 第3節 流動資産 ……………………………………………… 22
  - 1 現金及び預金 ………………………………………… 22
  - 2 金銭債権 ……………………………………………… 22
  - 3 有価証券 ……………………………………………… 23
  - 4 棚卸資産 ……………………………………………… 25
- 第4節 固定資産 ……………………………………………… 29
  - 1 有形固定資産 ………………………………………… 29
  - 2 無形固定資産 ………………………………………… 34
  - 3 投資その他の資産 …………………………………… 35

第5節　繰延資産 …………………………………………… 36
　　　第6節　リース会計 ………………………………………… 38
　　　　1　リース取引 …………………………………………… 38
　　　　2　リースの分類 ………………………………………… 38
　　　　3　リースの会計処理 …………………………………… 39

第3章　貸借対照表　②負債

　　　第1節　負債の意義 ………………………………………… 44
　　　　1　負債の分類 …………………………………………… 44
　　　　2　負債の評価 …………………………………………… 46
　　　第2節　社債 ………………………………………………… 47
　　　　1　償却原価法 ― 利息法 ……………………………… 47
　　　　2　償却原価法 ― 定額法 ……………………………… 49
　　　第3節　引当金 ……………………………………………… 51
　　　第4節　退職給付引当金 …………………………………… 53
　　　　1　退職給付債務の計算方法 …………………………… 54
　　　　2　退職給付債務と退職給付引当金の関係 ………… 55
　　　　3　未認識債務 …………………………………………… 55
　　　　4　退職給付費用 ………………………………………… 56
　　　第5節　資産除去債務 ……………………………………… 57
　　　第6節　偶発債務 …………………………………………… 59

第4章　貸借対照表　③純資産

　　　第1節　資本の意義 ………………………………………… 62
　　　　1　純資産と資本 ………………………………………… 62
　　　　2　負債と資本の区別 …………………………………… 63

第2節　株式資本 ………………………………… 65
　　　1　資本金 ………………………………………… 65
　　　2　資本剰余金 …………………………………… 65
　　　3　利益剰余金 …………………………………… 66
　　　4　自己株式 ……………………………………… 67
　　第3節　剰余金の分配 …………………………… 68
　　　1　株式会社の剰余金概念 ……………………… 68
　　　2　分配可能額 …………………………………… 69
　　第4節　その他の純資産項目 …………………… 71
　　　1　評価・換算差額等 …………………………… 71
　　　2　新株予約権 …………………………………… 71
　　第5節　株主資本等変動計算書 ………………… 73

第5章　損益計算書

　　第1節　損益計算書の意義 ……………………… 80
　　第2節　損益計算書の方法 ……………………… 82
　　　1　財産法 ………………………………………… 82
　　　2　損益法 ………………………………………… 83
　　第3節　損益計算書の計上基準 ………………… 84
　　　1　収益・費用の計上基準 ……………………… 84
　　　2　費用収益対応の原則 ………………………… 85
　　第4節　損益計算書の区分・表示 ……………… 86
　　　1　総額主義の原則（P/L原則B） …………… 86
　　　2　費用収益対応の原則（P/L原則C） ……… 86
　　　3　区分表示の原則 ……………………………… 86
　　第5節　営業損益の計算 ………………………… 88
　　第6節　経常損益の計算 ………………………… 91

1 経常損益	91
2 外貨建取引等会計処理基準	91
第7節 純損益の計算	93
第8節 税効果会計	95
1 概要	95
2 税効果会計の手続	97
第9節 損益計算書の表示様式	100

第6章 キャッシュ・フロー計算書

第1節 キャッシュ・フロー計算書	106
第2節 キャッシュ・フロー計算書の作成方法	108
1 表示区分	108
2 表示方法	110
3 キャッシュ・フロー計算書の作成	112

第7章 管理会計と原価計算

第1節 管理会計の基本構造	118
第2節 原価計算の意義	120
第3節 原価要素の分類	121
1 材料費	121
2 労務費	121
3 経費	121
第4節 原価計算の手続	124
第5節 原価計算の方法	125
1 個別原価計算	125
2 総合原価計算	126

　　　　3　標準原価計算 ………………………………… 128
　第6節　直接原価計算とCVP分析 …………………… 131
　　　　1　直接原価計算 ………………………………… 131
　　　　2　CVP分析（cost-volume-profit Analysis）……… 132

第8章　財務諸表分析

　第1節　財務諸表分析の意義 ………………………… 138
　第2節　財務諸表分析の分類 ………………………… 139
　第3節　基礎的な分析 ………………………………… 141
　第4節　成長性・趨勢分析 …………………………… 143
　第5節　安全性分析 …………………………………… 144
　　　　1　安全性分析の比率 …………………………… 145
　　　　2　キャッシュ・フロー分析 …………………… 145
　第6節　収益性分析 …………………………………… 147
　第7節　活動性分析 …………………………………… 149

第9章　連結財務諸表

　第1節　連結財務諸表 ………………………………… 154
　第2節　連結財務諸表制度 …………………………… 155
　第3節　連結財務諸表作成の一般基準 ……………… 158
　　　　1　連結の範囲 …………………………………… 158
　　　　2　連結財務諸表作成の基礎 …………………… 160
　第4節　連結貸借対照表 ……………………………… 161
　　　　1　投資と資本の消去 …………………………… 161
　　　　2　のれん ………………………………………… 162
　　　　3　非支配株主持分 ……………………………… 163

		4	全面時価評価法 ………………………………………	165
		5	債権債務の消去 ………………………………………	166
	第5節	連結損益及び包括利益計算書 ………………………		168
		1	連結損益精算表 ………………………………………	169
		2	未実現利益の消去 ……………………………………	170
	第6節	持分法 ………………………………………………………		173
		1	持分法の意義 …………………………………………	173
		2	持分法の会計処理 ……………………………………	174
		3	持分法と連結財務諸表 ………………………………	175

第10章　国際会計

	第1節	沿革 …………………………………………………………	181
	第2節	国際財務報告基準の重要性 …………………………	183
	第3節	国際財務報告基準の特徴 ……………………………	185
		1　原則主義 …………………………………………………	185
		2　資産負債アプローチ …………………………………	186
		3　包括利益の重視 ………………………………………	187
		4　公正価値測定にシフト ………………………………	188
		5　投資家の視点 …………………………………………	189
	第4節	今後の課題 ………………………………………………	190

第11章　税務会計

	第1節	法人の所得金額 …………………………………………	194
		1　法人税法22条と74条の関係 …………………………	194
		2　確定決算主義 …………………………………………	195
		3　課税所得の骨格 ………………………………………	196

第2節　益金の額 …………………………………… 198
第3節　損金の額 …………………………………… 201
　1　原価（cost） …………………………………… 201
　2　費用（expense） ……………………………… 201
　3　損失（loss） …………………………………… 202
　4　債務確定主義 ………………………………… 203
　5　損金経理 ……………………………………… 203
　6　損金算入・損金不算入の規定と会計処理 ……… 204
第4節　一般に公正妥当な会計処理 ……………… 208
第5節　資本等取引 ………………………………… 210
　1　混合取引（損益取引＋資本取引） …………… 210
　2　法人税法上の純資産 ………………………… 211
第6節　当期利益と所得金額 ……………………… 213
　1　所得金額の計算プロセス …………………… 213
　2　法人税の申告と納付 ………………………… 214

第12章　会計監査

第1節　会計監査の必要性 ………………………… 216
第2節　監査の分類 ………………………………… 218
　1　監査対象の相違による分類 ………………… 218
　2　監査の根拠が法律で強制されているか否かの分類 ……………………………………………… 218
　3　監査人が監査対象事業体の内部の者か外部の者かによる分類 ………………………………… 218
　4　監査実施時期による分類 …………………… 218
第3節　我が国の監査制度 ………………………… 219
　1　会社法による監査 …………………………… 219

2　金融商品取引法による監査 …………………… 220
第4節　監査の基準 ……………………………………… 221
　　1　「監査の基準」の意義 ………………………… 221
　　2　監査基準 ………………………………………… 221
　　3　監査に関する品質管理基準 …………………… 222
　　4　監査における不正リスク対応基準 …………… 222
　　5　監査基準委員会報告書 ………………………… 223
第5節　監査人 …………………………………………… 224
　　1　公認会計士と監査法人 ………………………… 224
　　2　監査人の要件 …………………………………… 225
　　3　監査人の責任 …………………………………… 226
第6節　監査の実施 ……………………………………… 227
　　1　監査リスク・アプローチ ……………………… 227
　　2　不正リスクへの対応 …………………………… 227
　　3　監査計画と監査実施 …………………………… 227
　　4　監査調書 ………………………………………… 228
　　5　品質管理と補助者の指導監督 ………………… 228
第7節　監査報告 ………………………………………… 229
　　1　監査報告書 ……………………………………… 229
　　2　監査意見 ………………………………………… 230

索　引 ……………………………………………………… 233

凡例

略　称	正式名称

法令・通達
- 金商法……………………金融商品取引法
- 財規………………………財務諸表等規則（財務諸表等の用語、様式及び作成方法に関する規則）
- 法法………………………法人税法
- 法令………………………法人税法施行令
- 法基通……………………法人税基本通達
- 措法………………………租税特別措置法

企業会計審議会
- 企業会計原則……………企業会計原則・同注解
- 減損会計基準……………固定資産の減損に係る会計基準
- 研究開発費会計基準……研究開発等に係る会計基準
- 連結キャッシュ・フロー計算書作成基準…連結キャッシュ・フロー計算書等の作成基準
- 税効果会計基準…………税効果会計に係る会計基準

企業会計基準委員会
- 自己株式会計基準………自己株式及び準備金の額の減少に関する会計基準（企業会計基準第1号）
- 純資産会計基準…………貸借対照表の純資産の部の表示に関する会計基準（企業会計基準第5号）
- 株主資本等変動計算書会計基準…株主資本等変動計算書に関する会計基準（企業会計基準第6号）
- ストックオプション会計基準……ストック・オプション等に関する会計基準（企業会計基準第8号）
- 棚卸資産会計基準………棚卸資産の評価に関する会計基準（企業会計基準第9号）
- 金融商品会計基準………金融商品に関する会計基準（企業会計基準第10号）
- リース会計基準…………リース取引に関する会計基準（企業会計基準第13号）
- 持分法会計基準…………持分法に関する会計基準（企業会計基準第

略　称	正式名称

　　　　　　　　　　　　　　　　　　16号）
　　資産除去債務会計基準…………資産除去債務に関する会計基準（企業会計基準第18号）
　　企業結合会計基準………………企業結合に関する会計基準（企業会計基準第21号）
　　連結会計基準……………………連結財務諸表に関する会計基準（企業会計基準第22号）
　　過年度遡及会計基準……………会計上の変更及び誤謬の訂正に関する会計基準（企業会計基準第24号）
　　包括利益表示会計基準…………包括利益の表示に関する会計基準（企業会計基準第25号）
　　繰延資産取扱い…………………繰延資産の会計処理に関する当面の取扱い（実務対応報告第19号）
日本公認会計士協会
　　金融商品会計実務指針…………金融商品会計に関する実務指針（会計制度委員会報告第14号）
　ＩＡＳ………………………………International Accounting Standards（国際会計基準書）
　　　ＩＡＳ１　　　　　　　　　　ＩＡＳ第1号「財務諸表の表示」
　　　ＩＡＳ12　　　　　　　　　　ＩＡＳ第12号「法人所得税」
　　　ＩＡＳ16　　　　　　　　　　ＩＡＳ第16号「有形固定資産」
　　　ＩＡＳ19　　　　　　　　　　ＩＡＳ第19号「従業員給付」
　　　ＩＡＳ21　　　　　　　　　　ＩＡＳ第21号「外国為替レート変動の影響」
　　　ＩＡＳ32　　　　　　　　　　ＩＡＳ第32号「金融商品：表示」
　　　ＩＡＳ39　　　　　　　　　　ＩＡＳ第39号「金融商品：認識及び測定」
　　　ＩＡＳ40　　　　　　　　　　ＩＡＳ第40号「投資不動産」
　ＩＦＲＳ……………………………International Financial Reporting Standards（国際財務報告基準書）
　　　ＩＦＲＳ３　　　　　　　　　ＩＦＲＳ第3号「企業結合」
　　　ＩＦＲＳ９　　　　　　　　　ＩＦＲＳ第9号「金融商品」

略　称	正式名称
ＩＦＲＳ15	ＩＦＲＳ第15号「顧客との契約から生じる収益」
ＳＦＡＳ	Statement of Financial Accounting Standards（財務会計基準書）
ＳＦＡＳ109	ＳＦＡＳ第109号「法人税の会計処理」
ＡＰＢ	Accounting Principle Board　米国会計原則審議会
ＡＰＢ11	ＡＰＢ意見書第11号「法人所得税の配分」

装幀　東　雅之

第1章

イントロダクション

第1節　会計学（広義）の概要

　会計（学）とは、経済活動・経済事象の結果を主として貨幣額で測定し、その結果を（財務諸表等）利害関係者に対して伝達する行為であり、従って、「測定」と「伝達」とについて学ぶ学問である。

　会計の役割には、①情報提供機能と②利害調整機能とがある。情報提供機能は、会計が利害関係者の意思決定に役立つ情報を提供するという機能をいい、利害調整機能とは、会計が利害関係者の対立する利害の調整を行うという機能である。すなわち、株主と債権者は同じ資金の提供者であるが、その権利と責任においては大きな差があり、利害が対立しているから、会計情報はこれら二者の間の利害調整機能を果たしている。

（会社の役割）

```
                        資金の提供
  ┌──────┐ ←──────────────── ┐
  │ 株主  │ ────情報提供機能──→ （企業）
  └──────┘                    ┌──────────────┐
    ↕                          │（経営者＝受託者）│
  利害調整                      │  資金の管理・運用 │
    機能                        └──────────────┘
  ┌──────┐ ────情報提供機能──→
  │ 債権者│ ←──────────────── ┘
  └──────┘      資金の提供
```

　会計学に含まれる「簿記」「財務諸表」「原価計算・管理会計」「会計監査」「税務会計」「財務会計」「管理会計」及び「国際会計」の各テーマは、次の鳥瞰図（会計の全体像）の中にそれぞれ位置づけられる。本書ではこれらについて述べる。

第1章 イントロダクション

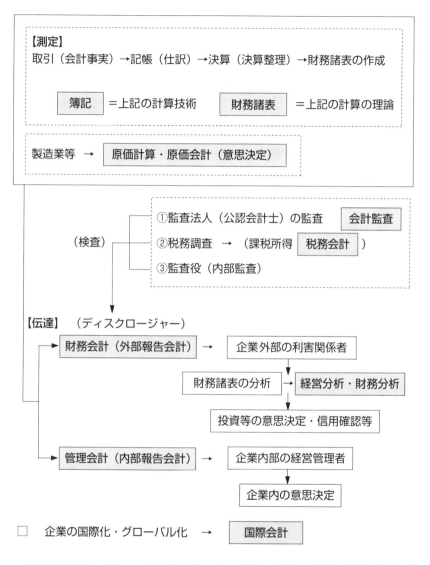

　企業の国際化・グローバル化に伴って、企業の会計も世界的な視点から考えなければならなくなったその意味で、国際会計が注目を浴びている。

第2節　財務会計と管理会計

　財務会計と管理会計は、会計学の中で中心的なものであるが、財務会計は、会計情報を外部利害関係者に一定のルール（法律等）の下で報告する会計で、特にルールに拘束されない経営管理者に対して情報を提供する管理会計とは異なる。

【財務会計と管理会計の相違】

	財務会計	管理会計
会計情報	過去的・要約的	過去的・未来的
情報の内容	貨幣的情報	貨幣的・非貨幣的情報
情報の規制	社会的規制（外部報告）	非社会的規制（内部報告）

(1)　財務会計 → 外部利害関係者（投資家・債権者等）に対する報告

　　　　　　　　↑
　　　会社法・金融商品取引法・企業会計原則・
　　　企業会計基準等

- 検証可能性の基準（監査証明）
- 不偏性の基準（特定の利害関係者に偏らないこと）
- 量的表現可能性の基準（貨幣金額による情報→有効）

【財務諸表】
- 貸借対照表（Balance Sheet（B/S））
- 損益計算書
  （Profit and Loss Statement(P/L)）
- キャッシュ・フロー計算書
  （Cash Flows Statement）

（注）　会社法では、キャッシュ・フロー計算書は不要で、「株主資本等変動計算書」が必要である。

(2) 管理会計 → 経営管理者（意思決定に有用な会計情報の提供）
・目的適合性の基準（利用者の要求の応じた情報伝達）
・量的表現可能性の基準＋非数量的情報（定性的情報）

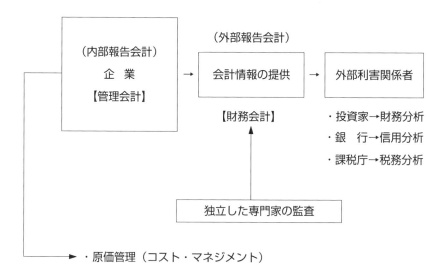

(3) 環境会計 → 世界の環境問題「緑字決算報告書」

　環境会計とは、企業等が、持続可能な発展を目指して、社会との良好な関係を保ちつつ、環境保全への取組を効率的かつ効果的に推進していくことを目的として、事業活動における環境保全のためのコストとその活動により得られた効果を認識し、可能な限り定量的（貨幣単位又は物量単位）に測定し伝達するものである。

　環境会計には、環境会計ガイドラインがある。

(4) 人的資源会計

　人的資源をなんらかの形で評価計上し、人的資源を効率的に活用するための会計情報を提供する。

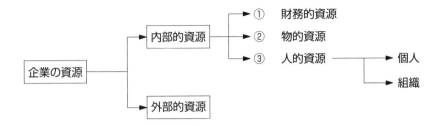

第3節　会計情報と利害関係者

　企業には、多くの「利害関係者」(ステークホルダー／stakeholder) が存在しているが、これらの利害関係者は、それぞれの必要な会計情報を得て、自分の意志決定をしている。したがって、それぞれの立場によって、以下のように、関心事が異なり、必要とする会計情報は違うことになる。

第4節　財務会計における法規と諸原則

　財務会計は、外部の利害関係者に会計情報を提供しなければならないので、会社法、金融商品取引法そして税法など、いろいろな法律の規制を受けている。そして、これらの法律も、自ら「一般に公正妥当と認められる企業会計の慣行」（会社法431）や「一般に公正妥当な会計処理基準」（法法22④）などの規定を設け、企業会計原則、原価計算基準などの会計原則と深く結び付いている。

1　法規

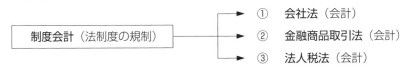

制度会計（法制度の規制）
① 会社法（会計）
② 金融商品取引法（会計）
③ 法人税法（会計）

(1)　会社法（債権者保護＋現在の株主保護）

　会社法は、株主、債権者といった利害関係者間の利害を調整することを目的とする法律であるが、近年、国際競争力の強化、あるいは経済活性化といった観点から会社法改正が行われている。

- 会社法431条　→　一般に公正妥当と認められる企業会計の慣行
- 商法19条1項　→　一般に公正妥当と認められる会計の慣行（商人）

> 法令　・会社法　　　　　・会社法施行令
> 　　　・会社法施行規則　・会社計算規則

計算書類等　→　貸借対照表・損益計算書・株主資本等変動計算書
　　　　　　　　注記表・事業報告・附属明細書
会計監査

(2) 金融商品取引法（投資家保護）

　金融商品取引法は、下記の同法1条に記されているように、国民経済の適切な運営と投資家の保護に資するために、有価証券の発行並びに流通その他の取引を公平かつ円滑にすることを目的としている。

> 第1条（目的）　この法律は、企業内容等の開示の制度を整備するとともに、金融商品取引業を行う者に関し必要な事項を定め、金融商品取引所の適切な運営を確保すること等により、有価証券の発行及び金融商品等の取引等を公正にし、有価証券の流通を円滑にするほか、資本市場の機能の十全な発揮による金融商品等の公正な価格形成等を図り、もつて国民経済の健全な発展及び投資者の保護に資することを目的とする。

上場会社の財務諸表について

　金融商品取引法で「内閣総理大臣が一般に公正妥当であると認められるところに従つて内閣府令で定める用語、様式及び作成方法により、これを作成しなければならない」（金商法193）とされている。

> 法令
> ・金融商品取引法・同施行令
> ・企業内容等の開示に関する内閣府令・同ガイドライン
> ・財務諸表等規則・同ガイドライン
> ・連結財務諸表規則・同ガイドライン
> ・四半期財務諸表等規則・同ガイドライン
> ・四半期連結財務諸表規則・同ガイドライン
> ・連結財務諸表規則に規定する金融庁長官が定める企業会計の基準を指定する件
> ・財務諸表等規則に規定する金融庁長官が定める企業会計の基準を指定する件

金融商品取引所への上場会社などが適用

有価証券報告書(内閣総理大臣へ提出)

> **Advance** 比較財務諸表
>
> 　株式会社は、法務省令で定めるところにより、各事業年度に係る計算書類を作成しなければならない(会社法435②)とされている。このため会社法に基づく貸借対照表、損益計算書には当期の会計数値が並んでいる。
>
> 　一方、有価証券報告書(有報)に記載される貸借対照表や損益計算書は当期と前期の情報が並んで記載されている。これは比較情報(当事業年度に係る財務諸表に記載された事項に対応する前事業年度に係る事項)を記載しなければならない(財規6)と規定されているからである。
>
> 　会社法の規定に基づいて、有報提出会社が株主に報告する事業報告には、比較情報を記載した貸借対照表、損益計算書等や、会社法で必要とされていないキャッシュ・フロー計算書を記載する場合がある。この場合、参考情報と明記し会社法に基づく会計監査人の監査対象の範囲外としている。

(3) 法人税法(適正な課税所得)

　法人税とは、法人の所得に対する税であり、その中心は、「各事業年度の所得に対する法人税」である。この所得の算出は、税法のみでなく、企業会計が大きく影響している。

・法人税法22条4項　→　一般に公正妥当な会計処理基準

　　　　　法令　・法人税法
　　　　　　　　・法人税法施行令
　　　　　　　　・法人税法施行規則

・法令以外で、通達が税の実務では大きな役割を果たしている。

2 企業会計原則等
(1) 企業会計原則

企業会計原則・同注解は、法令ではないが、すべての企業が会計処理をするに当たって準拠しなければならない基準で、また、公認会計士又は監査法人が財務諸表の監査をする際にも準拠すべき基準である。

企業会計原則は、昭和24年の戦後復興期に、我が国の企業会計制度の改善・統一を図ることによって、企業の健全な発展・国民経済の利益増進に寄与することを目的としていた。ただし、当初の役割は達成され、現在は更新されず歴史的な基準になりつつある。

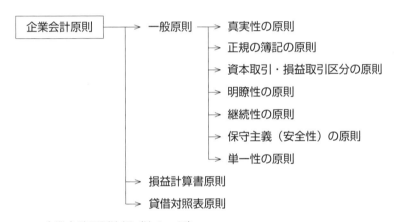

※　企業会計原則注解（注1～25）

「企業会計基準」「企業会計基準適用指針」

(2) 原価計算基準

原価計算基準は、昭和37年に企業会計審議会が中間報告として公表した会計基準で、原価計算に関する実践規範となっている。しかしながら、今日まで一度も改定が加えられていないことから、現在の企業に必ずしも一致していないという批判がある。

原価計算制度について、原価計算基準は、次のように述べている。

「この基準において原価計算とは、制度としての原価計算をいう。原価計算制度は、財務諸表の作成、原価管理、予算統制等の異なる目的が、重点の相違はあるが相ともに達成されるべき一定の計算秩序である。かかるものとしての原価計算制度は、財務会計機構のらち外において随時断片的に行なわれる原価の統計的、技術的計算ないし調査ではなくて、財務会計機構と有機的に結びつき常時継続的に行なわれる計算体系である。原価計算制度は、この意味で原価会計にほかならない。」（原価計算基準 第1章2）

(3) 中小企業の会計に関する指針

会計参与制度（会社法326②）の導入に伴い、中小会社の会計処理に一定の基準を示し、会計の質の向上を目指すことを目的として平成17年8月1日に公表された。

同指針は、中小企業が、計算書類の作成に当たり、拠ることが望ましい会計処理や注記等を示すものである。対象は中小の株式会社、特例有限会社、合名会社又は合資会社で、公認会計士の監査を受ける公開会社は含まれていない。会社法により計算書類の作成は義務付けられているが、指針の導入は強制ではなく任意となっている。ただし作成者の委員会より、指針に沿った計算書類の作成が推奨されている。

なお、当該委員会の構成は、日本税理士会連合会、日本公認会計士協会、日本商工会議所及び企業会計基準委員会である。

[問題]
1 会計の社会における役割について述べなさい。
2 財務会計と管理会計の相違点を挙げなさい。
3 どのような会計情報がどのようなステークホルダーに最も関心があるのか説明しなさい。
4 制度会計の内容について、説明しなさい。

第2章
貸借対照表
① 資産

第1節　貸借対照表の意義

　貸借対照表は、一定時点における企業の資産、負債及び純資産の有高を表示したものである。企業のすべての資産、負債及び純資産の一時点での残高（バランス）を資産の部、負債の部及び純資産の部に区分して示したもので、バランスシート（Balance Sheet, B/S）ともいう。

　貸借対照表は、一般的に借方（かりかた）と言われる左側に資産の部を書き、貸方（かしかた）と言われる右側に、負債の部及び純資産の部を記載する勘定式が多い。借方の資産合計は、貸方の負債・純資産合計と一致する（貸借対照表等式）。

$$資産 ＝ 負債 ＋ 純資産$$

　貸借対照表の負債の部及び純資産の部は、借入金や社債など債権者から調達した後日返済しなければならない資金（他人資本）の残高及び、株主等から調達した返済不要な資金（自己資本）の額が記載され、企業の「資金の調達源泉」を表している。これに対し、貸借対照表の資産の部には、調達した資金を運用した結果、商品や建物、現金などの具体的な財産の残高が記載され、企業の「資金の運用形態」を表現している。このように、貸借対照表は資金の調達源泉と運用形態である財政状態に関する情報を提供する。なお、貸借対照表のことを財政状態計算書（Statement of financial position）という

名称が国際会計基準で推奨されている（IAS1）が、ここでは貸借対照表、B/Sという言葉を使用する。

　貸借対照表に記載される項目（勘定科目）の並べ方に「流動性配列法」と「固定性配列法」の2つがある。流動性配列法は、流動性の高い項目から低い項目へ並べる方法で、資産に属する項目であれば、現金預金から始まって換金性の強い有価証券、売掛金、商品などの流動資産、次に換金性の低い建物、機械装置、土地、投資などの項目を記載する。負債であれば、支払期限の速い支払手形、買掛金、短期借入金などの流動負債から始まって、長期借入金、社債などの支払期限の遅い項目を次に記載する方法である。これに対し、固定性配列法は固定項目を先に記載し、流動項目を後に記載する方法である。一般的には流動性配列法が採用されている（財規13）が、設備資産の重要性が特に高い電力・ガス事業を営む企業などは固定性配列法が採用されている。

事例：流動性配列法の貸借対照表

イトーヨーカ堂　貸借対照表　平成26年2月28日現在

(単位：百万円)

科目	金額	科目	金額
(資産の部)		(負債の部)	
流動資産	273,937	流動負債	137,173
現金及び預金	26,122	買掛金	59,576
売掛金	24,179	短期借入金	96
商品	72,134	一年内返済予定の長期借入金	1,423
貯蔵品	61	リース債務	966
前渡金	456	未払金	21,180
前払費用	7,732	親会社未払金	3,256
繰延税金資産	6,198	未払法人税等	956
従業員に対する短期債権	259	未払費用	9,581
短期貸付金	394	前受金	784
関係会社短期貸付金	2,000	預り金	18,482
預け金	96,729	賞与引当金	4,520
未収入金	20,694	役員賞与引当金	36
短期差入保証金	12,636	販売促進引当金	654
立替金	3,328	商品券回収損引当金	639
その他	1,006	商品券	13,765
固定資産	533,487	その他	1,252
有形固定資産	305,188		
建物	119,554	固定負債	61,806
構築物	9,103	長期借入金	5,991
車両運搬具	36	リース債務	1,618
器具備品	5,081	繰延税金負債	2,929
土地	160,361	役員退職慰労引当金	605
リース資産	2,297	長期預り金	40,346
建設仮勘定	8,753	資産除去債務	10,315
無形固定資産	1,837	負債合計	198,980
借地権	799		
商標権	10	(純資産の部)	
ソフトウェア	540	株主資本	597,716
その他	486	資本金	40,000
投資その他の資産	226,460	資本剰余金	165,621
投資有価証券	23,227	資本準備金	165,621
関係会社株式	12,665	利益剰余金	392,095
出資金	6	利益準備金	11,700
関係会社出資金	7,140	その他利益剰余金	380,395
長期貸付金	14,501	固定資産圧縮積立金	1,149
長期前払費用	7,081	繰越利益剰余金	379,246
前払年金費用	21,666	評価・換算差額等	10,727
長期差入保証金	140,491	その他有価証券評価差額金	10,727
破産更生債権等	5		
その他	1,871		
貸倒引当金	△2,198	純資産合計	608,444
資産合計	807,425	負債純資産合計	807,425

事例：固定性配列法の貸借対照表

東京電力株式会社　連結貸借対照表　平成26年3月31日現在

資産の部		負債及び純資産の部	
科目	金額	科目	金額
	百万円		百万円
固定資産	12,133,241	固定負債	11,279,641
電気事業固定資産	7,164,270	社債	3,801,462
水力発電設備	604,267	長期借入金	2,880,890
汽力発電設備	1,130,834	使用済燃料再処理等引当金	1,054,480
原子力発電設備	592,008	使用済燃料再処理等準備引当金	67,945
送電設備	1,868,381	災害損失引当金	596,145
変電設備	744,958	原子力損害賠償引当金	1,563,639
配電設備	2,068,258	退職給付に係る負債	449,098
業務設備	126,948	資産除去債務	714,261
その他の電気事業固定資産	28,615	その他	151,717
その他の固定資産	259,823	流動負債	1,938,876
固定資産仮勘定	912,978	1年以内に期限到来の固定負債	952,402
建設仮勘定及び除却仮勘定	912,978	短期借入金	10,418
核燃料	785,254	支払手形及び買掛金	357,185
装荷核燃料	123,395	未払税金	89,105
加工中等核燃料	661,858	その他	529,765
投資その他の資産	3,010,914	引当金	5,180
長期投資	145,547	原子力発電工事償却準備引当金	5,180
使用済燃料再処理等積立金	1,016,916	負債合計	13,223,698
未収原子力損害賠償支援機構資金交付金	1,101,844	株主資本	1,602,124
退職金給付に係る資産	80,203	資本金	1,400,975
その他	667,789	資本剰余金	743,616
貸倒引当金（貸方）	△1,386	利益剰余金	△534,085
		自己株式	△8,381
		その他の包括利益累計額	△52,003
		その他有価証券評価差額金	2,995
流動資産	2,667,865	繰延ヘッジ損益	△13,356
現金及び預金	1,655,074	土地再評価差額金	△3,295
受取手形及び売掛金	528,273	為替換算調整勘定	1,448
たな卸資産	239,770	退職給付に係る調整累計額	△39,795
その他	249,519	少数株主持分	27,287
貸倒引当金（貸方）	△4,772	純資産合計	1,577,408
合計	14,801,106	合計	14,801,106

第2節　資産の意義

　資産とは、企業に帰属し、貨幣を尺度とする評価が可能で、かつ将来的に会社に収益をもたらすことが期待される経済的価値のあるものである。「もの」には、現金、商品、建物のように具体的な形のあるものもあれば、売掛金・貸付金や特許権のように具体的な形のない権利もある。また、財貨や権利ではないが、特別に支出した開発費のような費用も、その支出の経済的効果が将来に及んでいると期待される場合には、資産として計上される場合がある。

1　資産の分類
(1)　流動・固定の分類

　資産は、「流動資産」と「固定資産」に分類される。流動・固定分類の基準としては、まず「正常営業循環過程」（Normal Operating Cycle Basis）である営業活動の循環（商品の仕入、原材料購買→製品製造→商品・製品の販売→代金回収）の過程の中にある資産は、すべて流動資産とされる。この営業循環過程の中に入らない資産については1年基準（One Year Rule）が適用され、貸借対照表日（決算日）の翌日から起算して1年以内に現金化される予定の資産は流動資産、1年を超えて現金化される予定の資産（長期貸付金）、又は現金化することを本来の目的としない資産（機械装置、建物、特許権）は、すべて固定資産とする基準である（企業会計原則注解16、会社計算規則74、財規14、15）。

流動資産の例

科　目	内　容
現金及び預金	貨幣、普通預金、当座預金等。定期預金など契約期間が1年を超えるものでも1年内に期限が到来するものは流動資産の預金
受取手形	手形を受け取ったときに生じた債権
売掛金	商品等の掛売上という企業の主たる営業活動から生じた債権
有価証券	売買目的で所有する株式等
商・製品	通常の営業活動において販売するために保有する財貨
短期貸付金	金銭を貸付けたときに生じる債権のうち、返済期日が決算日の翌日から1年以内のもの
未収入金	企業の主たる営業活動以外の取引から生じた債権
前払費用	一定の契約に従い、継続して役務の提供を受ける場合、未提供の役務に対して当期に前もって支払った対価（前払家賃）
未収収益	一定の契約に従い、継続して役務の提供を行う場合に、既に提供した役務に対して、未だその対価の支払を受けていないもの（未収利息）

固定資産の例

科　目	内　容
建物	事務所・工場などの建物本体と、その附属設備（照明設備や冷暖房設備）
構築物	舗装道路・広告塔など土地の上に定着する建物以外の構造物や工作物、土木設備
機械装置	各種の機械と装置、及びそれに付随する設備
工具器具備品	作業用工具・コピー機・コンピューター・陳列棚などのうち、耐用年数が1年以上のもの
車両運搬具	自動車等の陸上運搬具
土地	事務所・工場などの敷地
建設仮勘定	上記の有形固定資産で建設中の支出額。完成後本勘定に振替える

無形固定資産	無形の資産で1年を超える期間にわたって利用されるもの。特許権、商標権、借地権等の法律上の権利やのれん、ソフトウェア等
長期貸付金	金銭を貸し付けたときに生じる債権のうち、返済期日が決算日の翌日から1年を超えるもの
投資有価証券	長期保有目的の株式等

(2) 貨幣・非貨幣分類

資産は、貨幣性資産（monetary assets）と非貨幣性資産（non-monetary assets）とに分類される。

区　分	内　容	科　目
貨幣性資産	企業の本業において売買の対象とならない資産	現金及び預金、受取手形、売掛金
非貨幣性資産	上記以外の資産 資産の使用、売却によって費用となることから「費用性資産」とも言われる	商品、有価証券、前払費用、建物、機械装置、土地など

2　資産の評価

貸借対照表に計上する資産・負債の金額を決定することを評価又は測定という。このうち資産の評価基準は、①取得原価(historical cost)、②時価(market value)、及び③現在価値（present value）の3種類がある。

項　目	内　　容
取得原価	取得原価評価は、その資産を取得するに要した金額である取得原価を基礎とする評価基準である。取得原価は、購入した資産であれば購入代価の他、引取り運賃や関税などの付随費用も取得原価に含まれる。取得原価評価は取得のため支出された金額という客観性があるため、資産の原則的評価基準といえる。
時価	時価評価は、資産の時価（決算時の市場価格）を基礎とする評価基準であり、主に売買目的有価証券などに適用される。
現在価値	時価評価に対して、資産の市場価格がない場合には、市場価格の代用として資産から生みだされる将来キャッシュ・フローを適切な利子率で割り引いた現在価値を用いることがある。リース資産の評価などに利用される。

> Advance ▶ 公正価値
>
> 　最近の国際会計基準などでは、金融商品の評価に公正価値（fair value）を用いることを認めている（IFRS 9）。この場合の公正価値は、市場価格（quoted market value）、独立した第三者による鑑定、割引現在価値その他妥当な手法によって決定された価額を指す。

第3節 流動資産

1 現金及び預金

現金及び預金は、当該券面額又は預金額で記帳され、貸借対照表に記載される。もし、外貨又は外貨建ての場合には、決算日現在の為替相場によって邦貨に換算される（外貨建取引等会計処理基準一2(1)①）。

2 金銭債権

金銭をもって弁済を受けるべき債権のうち、主たる営業取引から生じたものは受取手形、売掛金（これらを総称して「売掛債権」ともいう。）、それ以外の金銭債権には貸付金、未収金等があり1年基準で流動資産、固定資産に区分表示される。いずれも債権の評価は、取得価額から貸倒見積高に基づいて算定された貸倒引当金を控除した金額で貸借対照表に計上される。その表示方法は次の3種類ある（企業会計原則注解17、会社計算規則78）。

a－1法

資産の部		
受取手形	200	
貸倒引当金	△2	198
売掛金	500	
貸倒引当金	△6	494

a－2法

資産の部		
受取手形	200	
売掛金	500	
貸倒引当金	△8	692

b法

資産の部	
受取手形	198
売掛金	494
	692

脚注：貸倒見込高　8

貸倒見積高は、債務者の財政状態を考慮して、売掛金、貸付金などの債権を「一般債券」、「貸倒懸念債権」又は「破産更生債権等」の3つに区分し、それぞれの区分ごとに貸倒見積額の算定方法が定められている（金融商品会計基準27、28）。

債権の区分と貸倒見積高の算定方法

区　分	内　容	貸倒見積額の算定方法
一般債権	経営状態に重大な問題が生じていない債務者に対する債権	債権全体又は同種・同額の債権毎に、過去の貸倒実績率等により貸倒見積額を算定する（貸倒実績率法）。
貸倒懸念債権	経営破綻の状態には至っていないが、債務の弁済に重大な問題が生じているか又は生じる可能性が高い債務者に対する債権	継続して、 ① 権額から担保処分・保証による回収見込額を減額した残額について債務者の財政状態等を考慮して貸倒見積額を算定する方法、又は ② 債権の元本・利息の受取に係るキャッシュ・フローを見積り、約定利率で算定した割引現在価値と債権の簿価との差額を貸倒見積額とする方法、 のいずれかの方法による。
破産更生債権等	経営破綻又は実質的に経営破綻に陥っている債務者に対する債権	債権額から担保処分・保証による回収見込額を減額した残額をすべて貸倒見積額とする。

3　有価証券

有価証券とは、株式や債券などである（金商法2）。

なお、手形・小切手は会計の分野では有価証券ではない。通常、約束手形・為替手形の手形債権は「受取手形」、手形債務は「支払手形」の勘定科目で処理される。また、小切手の振出は「当座預金」勘定の貸方記帳、小切手の受取は「現金」勘定の借方記帳となる。

(1) 有価証券の評価

有価証券の評価は、時価を把握することが極めて困難と認められるものを除き、その保有目的に応じて次の4つに分類され、それぞれについて評価基準が定められている（金融商品会計基準15～18）。

区　分	内　容
売買目的有価証券	時価の変動により利益を得ることを目的として保有する有価証券であり、時価で貸借対照表に計上する。売買目的有価証券は、貸借対照表上の流動資産に区分され、「有価証券」という科目で表示される。時価と帳簿価格との評価差額は、有価証券の売買損益とともに「有価証券運用損益」として損益計算書に計上されることが多い。
満期保有目的債券	満期まで所有する意図をもって保有する社債等の債券で、1年基準で、決算日の翌日から1年以内に満期日が到来するものは「有価証券」、1年超の場合は「投資有価証券」として表示される。満期保有目的債券は取得原価で貸借対照表に計上する。ただし、債券を券面額（債券金額）より低い価額又は高い価額で取得した場合で、取得価額と債券金額との差額が金利調整と認められるときは、償却原価法を適用する。 　償却原価法とは、債券を額面金額と異なる価額で取得した場合の、その差額を償還期まで毎期一定の方法で、債券の帳簿価額に加算又は減算する方法である。加算又は減算された償却額は受取利息に含めて損益計算書に計上される。この償却額の算定方法に定額法と利息法がある（計算例については、第3章第2節「社債」参照）。
子会社株式及び関連会社株式	子会社及び関連会社の株式は、個別貸借対照表では取得原価で計上し、投資その他の資産の区分に「関係会社株式」という科目で表示される。なお、連結財務諸表を作成する場合は、連結対象の子会社株式は子会社の資本勘定と相殺消去され、非連結子会社及び関連会社株式は持分法による会計が適用される（詳細は第9章第6節「持分法」参照）。
その他有価証券	売買目的有価証券、満期保有目的債券、子会社株式及び関連会社株式以外の有価証券を「その他有価証券」といい、時価で貸借対照表に計上する。時価と帳簿価格との評価差額は、洗い替え方式により、次のいずれかの方法により処理される。 　a．評価差額の合計額（純額）を純資産の部に計上する（全部純資産直入法）。

| | b．時価が取得価額を上回る銘柄に係る評価差益は純資産の部に計上し、時価が取得価額を下回る銘柄に係る評価差損は損益計算書に計上して当期の損益として処理する（部分純資産直入法）。 |

(2) 時価を把握することが極めて困難と認められる有価証券

　時価を把握することが極めて困難と認められる有価証券については、社債等は債権の評価に準じて、発行者の財政状態を考慮して貸倒引当金を見積り取得原価から控除する。それ以外の有価証券は取得原価で評価される（金融商品会計基準19）。

(3) 時価が著しく下落した場合

　満期保有目的債券、子会社株式及び関連会社株式、並びにその他有価証券のうち時価を把握することが極めて困難と認められる有価証券以外のものについては、時価が著しく下落したときは、回復する見込みがあると認められる場合を除き、時価を貸借対照表計上額とし、評価差損は当期の損失として処理しなければならない（金融商品会計基準20）。

　また、時価を把握することが極めて困難と認められる株式については、発行会社の財政状態の悪化により実質価額が著しく低下したときは、相当の減額をなし、評価差損は当期の損失として処理しなければならない（金融商品会計基準21）。

　これらを「有価証券の減損処理」という。有価証券を減損処理した場合には、減損した時価及び実質価額が翌期首の取得原価となる（金融商品会計基準22）。

4　棚卸資産

(1) 意義

　棚卸資産とは、販売又は製造のために消費することを目的として所有する資産である。販売目的で所有する商品、製品、製造過程にある原材料、仕掛品、半製品のほか消耗貯蔵品、事務用消耗品等がある。

(2) 売上原価との関係

売上原価とは、企業が当期に販売した商品の仕入原価又は製品製造原価のことであり、売上原価は

期首棚卸高 ＋ 当期仕入・製造高 － 期末棚卸高 ＝ 売上原価

商品（製品）a/c

首期	売上原価
仕入（製造）	
	期末

(3) 期末棚卸高の決定

① 棚卸方法（数量計算）

先に述べたように売上原価の算定には商品、製品の棚卸資産棚卸高の決定が重要であるが、商品、製品の各品目ごとに期末有高×評価単価＝期末棚卸高と計算し、その総和が棚卸資産期末棚卸高となる。そのうち、期末有高（数量）について決定する方法（棚卸方法）に実地棚卸法と帳簿棚卸法がある。

棚卸方法	内　容
実地棚卸法	期末日など一定時点で棚卸資産の実際有高をカウントして数量を把握する。
帳簿棚卸法	商品、製品毎の受払を帳簿に記録し、期末時点の帳簿上の残高を棚卸数量とする方法である。

実地棚卸だけでは棚卸漏れを発見することが難しく、また帳簿棚卸だけでは期中の受払記録が正しかったかどうかや紛失・減失などを確かめられない欠点がある。このため実地棚卸法と帳簿棚卸法とを併用することが望ましいとされる。

② 評価方法（金額計算）

期末棚卸高の計算式のうち評価単価の決定方法（評価方法）に次の4つの方法がある。いずれかの方法を選択すれば継続的に適用しなければならない（棚卸資産会計基準6-2）。

評価方法	内容
個別法 (Specific-identification method)	棚卸資産の個々の取得原価によって期末棚卸高を決定する方法。貴金属など少量販売する業種に利用される。
先入先出法 (First-In, First-Out, FIFO)	最も古く取得されたものから順次販売され、期末棚卸資産は最も新しく取得されたものからなると仮定して、期末棚卸高を決定する方法。
平均原価法 (Average-cost method)	取得した棚卸資産の平均原価を算出し、この平均原価によって期末棚卸高を決定する方法。平均原価は、総平均法又は移動平均法によって算出する。
売価還元法 (Retail method)	適当なグループ毎に期末商品を値札などの売価によって棚卸高合計を求めに、原価率を乗じて取得原価に基づく期末棚卸高を決定する方法。多品種の商品を扱う小売業、卸売業などで利用される。

> **Advance** ▶ 後入先出法 (Last-In, First-Out, LIFO)
>
> 最も新しく取得されたものから順次販売され、期末棚卸資産は最も古く取得されたものからなるとみなして、期末棚卸高を決定する方法である。この方法では、商品の売上時の価格水準に最も近い価額で収益と費用を対応させることができる。一方、貸借対照表に計上された棚卸資産は最も古い価額で構成され、価格変動が長期間反映されない。また、期末数量が期首数量を下回った場合は、保有損益が当期に計上され、その結果期間損益が変動する。期末在庫量を調整することで意図的に保有損益を当期損益に計上することができる。このようなことから、LIFOは廃止されることとなった。
>
> 最終仕入原価法
>
> 棚卸資産を期末に最も近い時において取得した1単位当たりの取得価額をもって評価する方法で、実務上、計算が容易であることや、また、税法上他の

方法を選択して届け出ていない場合の法定評価方法となっていることから、中小企業において多く採用されている。しかし、最終仕入原価法を適用すると実質評価益を計上するのと同様の結果となる場合があるため、会計基準では認められていない。

(4) 棚卸資産の期末評価

　通常の販売目的で所有する棚卸資産は取得原価で貸借対照表に計上する。ただし、棚卸資産の正味売却価額（＝売却時価－見積追加製造原価－見積販売直接経費）が取得原価より低くなった場合、正味売却価額で貸借対照表に計上する。取得原価と正味売却価額との差額は、棚卸資産評価損として当期の費用又は損失に計上する。これは、収益性の低下により棚卸資産に対する投資額の回収が見込めなくなった場合には、品質低下や陳腐化が生じた場合と同様に、帳簿価額を切り下げるという考えによる（棚卸資産会計基準7）。

　なお、地金銀や穀物のコモディティのように加工や販売の努力することなく単に市場価格の変動により利益を得るトレーディング目的で保有する棚卸資産は、売買目的有価証券と同様、時価評価し、評価差額は当期の売上損益に含めて表示する（棚卸資産会計基準15）。

> **Advance ▶ 原価法と低価法**
>
> 　企業会計基準第9号「棚卸資産の評価に関する会計基準」が適用になるまでは、取得原価で評価する原価法と、時価が取得原価よりも低下した場合に時価で評価できる低価法との選択適用が認められていた（企業会計原則第三　五A）。しかしながら収益性が低下した場合の資産評価のあり方や、国際的な会計基準との調和から、原価法・低価法の選択適用は廃止された。ただし、法人税法の規定は、従来どおり原価法、低価法の選択適用がある。

第4節　固定資産

　固定資産とは、1年以上、長期にわたって継続的に使用又は保有される資産である。固定資産は、以下のように、有形固定資産、無形固定資産、及び投資その他の資産に分類される（会社計算規則74②、財規14）。

1　有形固定資産
(1)　取得原価

　有形固定資産の取得原価の決定は、原則として購入代金に購入手数料・引取運賃・据付費・試運転費などの直接付随費用も取得原価となる。第3章第5節で後述する資産除去債務に対応する資産除去費用は、資産の取得価額に加算される。自社で製作した場合は原材料費・労務費・製造経費など適切な原価計算に基づいて算定された価額が取得原価となる。

> **Advance** ▶ 特殊な形態の有形固定資産取得原価
>
> 1．株主からの現物出資により取得した有形固定資産は、株主に交付した株式の公正な評価額か、出資者から給付された財産の公正な評価額のいずれかより高い信頼性をもって測定可能な評価額を取得原価とされる（ストック・オプション会計基準15）。
> 2．自社所有の資産と交換して取得した有形固定資産については、相手に引き渡した有形固定資産の適正な簿価及び支払った交換差金の合計額が、新固定資産の取得価額となる（「連続意見書第三」第一　四4）。
> 　　例えば、中古車（簿価2万円）を下取り価額3万円にして現金77万円支払い、定価80万円の新車を購入した場合の新車取得価額は79万円となる（ただし、法人税法では交換により取得した資産は取得時の時価とされているため、80万円が税務上の取得価額となる。この場合、中古車の簿価と下取り価格との差額は、交換差益となる。）。
> 3．有形固定資産の贈与を受けた場合、受贈資産の公正な評価額をもってその取得原価となる（企業会計原則第三　五F）。国庫補助金や工事負担金で取得した資産については、その資産の取得原価から国庫補助金等に相当する金額

を控除することができる（圧縮記帳）。これは、国庫補助金受取時に利益に計上しないで、圧縮した固定資産の減価償却を通じて後年度の収益に対応させることで利益を繰延べる効果がある（第11章第3節6⑧参照）。

(2) 資本的支出と収益的支出

有形固定資産を取得した後に当該有形固定資産に係る支出をした場合、この資産の取得原価に加算する支出を資本的支出といい、取得原価に算入しないで支出時の費用（修繕費など）となる支出を収益的支出という。資本的支出は、その支出が資産の価値（経済的便益）を増大させるか、又は資産の耐用年数を延長させる効果があるものである。資本的支出と収益的支出の区別は、当期及び次期以降の財政状態及び経営成績に大きく影響を与えるため、慎重に判断しなければならない。

(3) 減価償却

土地及び建設仮勘定を除く、建物、機械装置、車両などの有形固定資産（償却資産）は、使用による減耗、摩耗、時の経過に伴う自然劣化など物理的原因による他、新技術の発見、発明による陳腐化、不適応化など機能的原因による経済的便益が徐々に減少（減価）していき、やがては使用できなくなる。この減価していく過程を会計上認識するために、有形固定資産の取得原価から見積残存価額を控除した金額をその耐用年数にわたり、一定の方法で費用に配分（原価配分）する手続を行う。これを減価償却（depreciation）という。

有形固定資産を使用することによって事業遂行の結果、獲得された収益に減価償却費を期間的に対応させて、期間損益を適正に算定することを目的としている。減価償却は、費用収益対応の原則及び原価配分の原則に基づく会計処理手続である。

一方で、減価償却費は費用として収益から控除されるものの、人件費・諸経費などの費用と異なり、現金の支出を伴わない費用であるため、当期償却

費計上分だけ固定資産に投下された資金が企業内に留保されることとなり、投下資本が回収される効果がある。これを減価償却の自己金融効果という。

(4) 減価償却の方法

減価償却は次の3つの要素に基づいて、毎期の償却費を計算する。

　　1．取得原価（C）：固定資産の購入価額・製作価額及び付随費用
　　2．耐用年数（n）：固定資産の経済的使用可能期間
　　3．残存価額（S）：耐用年数経過後に予想される固定資産売却処分価額から処分費用を控除した金額

このうち、耐用年数と残存価額は、各企業が独自の状況や当該固定資産の特殊条件を考慮して合理的に見積りを行い、自主的に決定すべきものである。しかしながら、多くの企業は法人税法に定められた耐用年数や残存価額を利用して、税法の規定に従っているのが現状である。

減価償却の方法としては、定額法、定率法、生産高比例法などがある。

定額法：　固定資産の価値は、毎期一定額ずつ減少していくという前提のもとで、固定資産の耐用期間中、毎期均等額の減価償却費を計上する方法である。

$$当期の減価償却費 = \frac{C-S}{n}$$

定率法：　固定資産の価値は、取得直後のほうが著しく減少し、その後低減するという前提で、固定資産の耐用期間中、毎期期首未償却残高に一定率を乗じた減価償却費を計上する方法。

　　　　当期の減価償却費 ＝ 未償却残高 × 一定の償却率
　　　　未償却残高 ＝ C － 前期までの償却累計額
　　　　一定の償却率：$\frac{1}{n} \times 200\%$………①

$$\frac{1}{n} \times 250\% \cdots\cdots ②　又は$$

$$1 - \sqrt[n]{\frac{s}{c}} \cdots\cdots ③$$

償却率について、「$\frac{1}{n}$」は定額法の償却率である。これに対して①の算式は定額法償却率の2倍であるため200％定率法（Double-Decline-Balance Method、DDB）といわれる。平成23年度の税制改正で採用された方法である。②の算式は250％定率法といい、平成19年度の税制改正で平成22年度まで採用された方法である。③の算式は、耐用年数が経過すると残存価額になるような一定の率を計算しているもので、残存価額を取得原価の10％とした場合の償却率が平成19年改正前の税法で長く採用されていた。

生産高比例法： 　固定資産の総利用可能数量が見積もることができ、減価が主として固定資産の利用に比例して発生することを前提として、固定資産の耐用期間中、毎期当該資産による生産又は用役の提供の度合いに比例した減価償却費を計上する方法である。

$$当期の減価償却費 = \frac{C-S}{見積総利用高} \times 当期実際利用高$$

> 例　航空機の取得原価220億円、残存価額50億円、予定総航行距離1,000万km、当期の実際航行距離100万kmとすると、航空機の当期減価償却費は17億円＝（220億－50億）÷1000万×100万となる。

(5) 減価償却の修正

　減価償却方法は会計方針の一つとして、毎期継続して適用し、正当な理由がない限り、みだりに変更してはならない。

　ただし、耐用年数や残存価額は合理的な見積りに基づくものであるため、その後の期間において当初見積もった耐用年数や残存価額に変化が生じ、修正しなければならないことがある。この場合は、見積りを修正する時点にお

ける帳簿価額を、修正後の残存価額と耐用年数に基づいて、その後の残余期間に配分する（過年度遡及会計基準17）。

(6) 減損会計

　固定資産の減損とは、固定資産（有形固定資産のみならず無形固定資産を含む）の価値が市場環境の変化や技術革新などの理由によって収益性が低下し、投資額である帳簿価額を回収できなくなった状態である。減損処理とは、このような減損状態の場合において、簿価を回収可能価額まで減額し、当該評価減の金額を減損損失として損益計算書の特別損失に計上する会計処理のことである（減損会計基準　前文三３）。

　減損処理の手続には、次の３つの手順を踏む（減損会計基準　二）。

手　順	内　容
① 減損の兆候の把握	資産（又は資産グループ）について営業活動から生じる損益、又はキャッシュ・フローが継続してマイナスであること、事業の廃止・再編成、資産の市場価格の著しい下落、企業の経営環境など企業に不利な影響を及ぼす重要な変化などの事象の発生は、減損の兆候が認められる。
② 減損損失の認識	減損の兆候が認められるときは、資産（又は資産グループ）から得られる割引前将来キャッシュ・フローと帳簿価額とを比較し、帳簿価額が下回れば減損損失を認識する。
③ 減損損失の測定	減損損失を認識したら減損が生じた資産の帳簿価額を回収可能価額で評価しなければならない（減損損失の測定）。回収可能価額とは、次のうちいずれか大きい金額である。 　１　使用価値：資産の継続的使用と使用後の処分によって生じると見込まれる将来キャッシュ・フローの現在価値、又は 　２　正味売却価額：資産の時価から処分費用見込額を控除した金額

減損した資産の帳簿価額は、その後回収可能価額が回復しても減損損失の戻入れは行わない。減損処理を行った固定資産については、減損後の新しい帳簿価額を基礎として、その後の残余耐用年数にわたって規則的に減価償却を行う（減損会計基準　三）。

(7)　減価償却累計額の表示

　有形固定資産の減価償却累計額に係る貸借対照表への表示方法は、間接控除と直接控除がある。前者は有形固定資産の取得原価から減価償却累計額を控除する形式で表示する。各有形固定資産の科目ごとに減価償却累計額を控除する方法（a－1法）と減価償却累計額を一括して有形固定資産の取得原価合計から控除する方法（a－2法）とがある。後者は取得原価から減価償却累計額を直後控除して差額のみを表示し、減価償却累計額を注記する方法（b法）である（企業会計原則注解17、会社計算規則79）。

a－1法

資産の部		
有形固定資産		
建物	200	
減価償却累計額	△90	110
機械装置	300	
減価償却累計額	△65	235
		345

a－2法

資産の部		
有形固定資産		
建物	200	
機械装置	300	
減価償却累計額	△155	345

b法

資産の部	
有形固定資産	
建物	110
機械装置	235
	345
脚注：減価償却累計額	155

2　無形固定資産

　無形固定資産とは、企業が営業活動において長期的に使用するために保有している具体的な形のない資産である。無形固定資産も有形固定資産と同様、取得原価を毎期規則的に原価配分する。この手続を償却（amortization）という。無形固定資産も減損会計基準の適用を受けるので、その収益性が低下し投資額の回収が見込めなくなった場合には、減損損失を計上しなければならない。

　無形固定資産は、貸借対照表上取得原価から償却累計額を控除した残額の

みが表示される（会社計算規則81）。

(1) ソフトウェア制作費

　コンピューターを動かすためのプログラムで、ソフトウェア制作費のうち研究開発に該当しないソフトウェアで市場販売目的や自社利用ソフトウェアなど一定の要件を満たすものが無形固定資産に計上される。ソフトウェアの性格により、見込販売数量に基づく生産高比例法や、見積使用年限にわたる定額法で償却する。研究開発に該当するソフトウェア制作費は研究開発費として、その期の費用として処理される（研究開発費会計基準Ⅲ）。

(2) のれん

　のれんとは、他の企業を買収・合併した時に生じる受入れ資産時価総額と買収金額との差額であり、法的根拠はない。のれんは、20年以内のその効果が及ぶ期間にわたって定額法その他の合理的な方法で償却される。また減損会計も適用される（連結会計基準24、企業結合会計基準32）。

　なお、のれんは法的根拠がない無形資産で、しばしば多額になることから、会社法では一定の場合のれんの一部を配当財源の分配可能額から控除することとされている（第4章第3節「剰余金の分配」参照）。

(3) 法律上の権利

　特許権、実用新案権、商標権など法律で一定期間独占的に使用できる権利が認められている。その期間にわたって定額法で償却する。

3　投資その他の資産

　投資その他の資産とは、有形固定資産及び無形固定資産以外の固定資産である。投資有価証券、長期貸付金、子会社株式、関連会社株式、長期前払費用等がある。このうち、投資有価証券、長期貸付金、子会社・関連会社株式については、金融商品会計基準が適用される。

第5節 繰延資産

　繰延資産は、流動資産でもなく、固定資産でもない貸借対照表の第3の資産である。繰延資産とは、①既に対価の支払が完了し、又は支払義務が確定し、②これに対応する役務の提供を受けたにもかかわらず、③その効果が将来にわたって発現するものと期待される費用をいう（企業会計原則注解15）。

　繰延資産は期間損益計算を適正に行う上で経過的に貸借対照表に計上できるものである。会計理論上は、広告費等どんな費用であってもその効果が翌期以降に期待できるものは繰延資産として計上できるかに思われたが、無形固定資産と異なり法律上の権利でもなく、換金価値や担保価値もないため、債権者に対する債務の弁済に充てることができない擬制資産である。このため、旧商法の規定では限定列挙されていたことから、現在は次表の5つが繰延資産とされている（繰延資産取扱い）。

　これら繰延資産は、旧商法では、毎期均等額以上（均等額以上ならいくらでもよい）の早期償却が義務付けられていたが、会社法ではそのような規定はない。当面、旧商法規定で処理していても実務上認められる。

　なお第4章第3節「剰余金の分配」で説明する剰余金の配当規制が定められている。

繰延資産	内　容	償　却
創立費	会社の設立費用、発起人報酬、定款作成費、会社登記の登録税など	5年以内
開業費	会社成立後営業開始までの開業準備に支出した費用	5年以内
開発費	新技術又は新経営組織の採用、資源開発、市場開拓などのために支出した費用	5年以内
株式交付費	新株発行及び自己株式処分のため支出した費用	3年以内
社債発行費（含、新株予約権発行費）	社債発行のため直接支出した費用	社債の償還期間、利息法又は定額法

> **Advance** 法人税法固有の繰延資産
>
> 　法人税法では、上記5項目の繰延資産のほか、自己が便益を受けるために支出する費用で効果が支出の日以後1年以上に及ぶ、公共的施設の設置・改良費、賃借権利金、などの費用は「法人税法固有の繰延資産」として課税対象にしているが、会計上は繰延資産ではない。実務上は長期前払費用などの科目が使われている。

第6節　リース会計

1　リース取引

　リース取引とは、特定の物件（リース物件）の所有者たる貸手（lessor）が、当該物件の借手（lessee）に対し、合意された期間（リース期間）にわたりこれを使用収益する権利を与え、借手は、合意された使用料（リース料）を貸手に支払う取引をいう（リース会計基準4）。

> 例　機械装置の所有者Aが他の者B（借手）に対して当該機械装置100万円を5年間にわたり使用する権利を与え、借手が所定のリース料毎年230,975円を貸手に支払うような取引である（この例では、リース料は年利5％の金利相当額を含んだ計算により算定している）。なお、減価償却は定額法を採用している。

2　リースの分類

　リース取引は、「ファイナンス・リース取引」と「オペレーティング・リース取引」とに分類される（リース会計基準5、6）。

区分	分類基準
ファイナンス・リース取引	法形式上、物件の所有権は貸手が保有しており、借手との間で賃貸借取引であるが、 ①　借手はリース期間中、中途解約できない解約不能、かつ、 ②　リース物件から生じる経済的利益及び維持管理費などの使用コストのほとんどを借手が負担するフルペイアウトの条件 を満たすリース取引をいう。
オペレーティング・リース取引	ファイナンス・リース取引以外の取引をいう。

3 リースの会計処理

(1) 借手の会計処理

① ファイナンス・リース取引の借手

ファイナンス・リース取引の借手は、通常の売買取引に準じた会計処理を行う。法形式よりも実質優先（substance over form）の会計処理である。すなわち、借手は、支払リース料総額を一定の割引率で割り引いた現在価値をもってリース物件をリース資産（有形固定資産）に計上すると同時に、同額をリース債務として固定負債（決算日後1年を超えて支払期限が到来するもの）と流動負債（1年内返済予定額）を計上する。

リース債務は毎回のリース料支払の都度、利息相当額と元本返済額に区分して、リース債務の返済及び支払利息を計上する。

リース資産は、リース物件の所有権が借手に移転する所有権移転リースについては毎期末に他の有形固定資産と同様の減価償却方法により減価償却費を計上する。また、所有権移転外リースについては、リース期間定額法により減価償却する（リース会計基準10～12）。

② オペレーティング・リース取引の借手

オペレーティング・リース取引の借手は、レンタル取引のように通常の賃貸借取引に準じた会計処理、すなわち、リース料支払の都度、支払リース料を計上する（リース会計基準15）。

借手の会計処理
ファイナンス・リース

	X0年	X1年	X2年	X3年	X4年	X5年	合計
資産：リース資産	1,000,000	800,000	600,000	400,000	200,000	0	
負債：リース債務	-1,000,000	-819,025	-629,001	-429,476	-219,975	0	
損益：減価償却費		200,000	200,000	200,000	200,000	200,000	1,000,000
支払利息		50,000	40,951	31,450	21,474	10,999	154,874
		250,000	240,951	231,450	221,474	210,999	1,154,874

オペレーティング・リース

	X0年	X1年	X2年	X3年	X4年	X5年	合計
資産：							
負債：							
損益：賃借料		230,975	230,975	230,975	230,975	230,975	1,154,875

(2) 貸手の会計処理

① ファイナンス・リース取引のうち、所有権移転リースはリース開始日にリース物件を売却し、リース期間にわたって回収する債権を「リース債権」とする。所有権移転外リースでは、リース物件を担保とした金融取引と見立てて「リース投資資産」を計上する（リース会計基準13）。リース料回収の都度、利息相当額を受取利息とし、元本相当額をリース債権又はリース投資資産の回収と処理する。

② オペレーティング・リースでは、レンタル会社のように、通常の賃貸借取引に係る会計処理に準じる（リース会計基準15）。

貸手の会計処理

ファイナンス・リース

	X0年	X1年	X2年	X3年	X4年	X5年	合計
資産：リース債権	1,000,000	819,025	629,001	429,476	219,975	0	
負債：							
損益：売上高	1,000,000						
売上原価	800,000						
受取利息		50,000	40,951	31,450	21,474	10,999	154,874

オペレーティング・リース

	X0年	X1年	X2年	X3年	X4年	X5年	合計
資産：固定資産	1,000,000	800,000	600,000	400,000	200,000	0	
負債：リース債務							
損益：減価償却費		200,000	200,000	200,000	200,000	200,000	1,000,000
受取賃借料		230,975	230,975	230,975	230,975	230,975	1,154,875
		30,975	30,975	30,975	30,975	30,975	154,875

> **Advance** ファイナンス・リース vs オペレーティング・リース
>
> 　ファイナンス・リースの借手の貸借対照表は、オペレーティング・リースの貸借対照表に比べて、資産・負債が計上されている。このため総資本比率などが悪く表示される。オペレーティング・リースでは少ない総資本のため総資本比率などが良く表示される。
>
> 　また損益計算書は、営業費用がオペレーティング・リースでは定額であるが、ファイナンス・リースではリース期間の前半は支払利息の負担が多く、トップヘビーになっている。
>
> 　貸手の財務諸表は、ファイナンス・リースでは当初多く計上した受取利息は、リース債権の回収にともなって逓減しているが、オペレーティング・リースでは、受取賃借料と減価償却費との差額がネットの収益になる。減価償却の方法が定額法であれば利益は定額となっている。
>
> 　借手・貸手ともオペレーティング・リースでは、リース期間中の未だ経過していないリース料債務・債権は貸借対照表に計上されない。

[問題]

1　次の資産は流動資産か、固定資産か判別しなさい。

(ア)　外国通貨

(イ)　販売目的で受注した1年以上建造中の船舶

(ウ)　2年定期預金で満期日が2か月後に到来するもの

(エ)　耐用年数3年で2年間使用したパソコン事務機器

(オ)　売掛金代金として回収した期日が2年後の受取手形

2　流動・固定分類の目的は何か、考えなさい。

3　次のデータから(ア)総平均法、(イ)先入先出法、及び(ウ)後入先出法によった場合の売上原価を求めなさい。

	数　量	単　価	金　額
期首残高（H25/4/1）	4,000	100	400,000
期中仕入高 　6月 　10月 　12月	 15,000 25,000 10,000	 105 103 115	 1,575,000 2,575,000 1,150,000
仕入合計	50,000		5,300,000
期末棚卸高（H26/3/31）	3,000		
売上原価	51,000		

4　各年度の減価償却費及び5年後の帳簿残高はいくらか、計算しなさい。

　機械装置　取得原価1億円。耐用年数5年、残存価額10%とする。減価償却方法は(ア)定額法、(イ)200%定率法、及び(ウ)250%定率法の3通り。

第3章
貸借対照表
② 負債

第1節　負債の意義

　負債とは、将来的に、他の経済主体に対して、金銭などの経済的資源を引き渡す義務のことをいい、法律上の債務（金融負債）や期間損益計算からのもの（未払費用、前受収益等）から成っている。負債は、資金調達の観点からみれば、債権者からの資金調達であり「他人資本」ともいう。

1　負債の分類

(1)　流動・固定の分類

　負債は、資産の分類と同様に、「流動負債」と「固定負債」に分類される。まず、企業の主目的たる営業活動の循環過程の中で発生した負債は、その弁済期限の長短にかかわらず、すべて流動負債とされる。正常営業循環過程の中に入らないその他の負債については、1年基準により貸借対照表日の翌日から1年以内に債務の履行期日が到来するものは流動負債、1年を超えるものは固定負債に分類される（企業会計原則注解16、会社計算規則75、財規45）。

流動負債の例

科　目	内　容
支払手形	通常の取引に基づいて発生した約束手形の振出、為替手形の引受により生じる手形債務。
買掛金	通常の取引に基づいて発生した企業の主たる営業活動である商品等の掛仕入から生じる債務。
短期借入金	金銭の借入債務で、返済期日が決算日の翌日から1年以内に到来。
未払金	企業の主たる営業活動以外の取引から生じる債務。
未払費用	一定の契約に従い、継続して役務提供を受ける場合に、既に受けた役務の未払対価（未払利息）。
前受収益	一定の契約に従い、継続して役務提供する場合に、未だ提供していない役務の前払対価（前受家賃）。
預り金	従業員の給与賞与の源泉税などの預り金。
前受金	受注工事、受注品等に対する手付金。
賞与引当金	従業員などに対して支給する賞与の支給見込額を計上する引当金。

固定負債の例

科　目	内　容
社債	社債の発行により生じる債務。
長期借入金	金銭の借入債務で、返済期日が決算日の翌日から1年を超えるもの。1年内に返済期限が到来する金額は「1年内返済長期借入金」として流動負債に組み替える。
資産除去債務	有形固定資産の撤去除去に要する費用に係る債務（1年内に資産除去が履行されると認められるものは、流動負債）。
退職給付引当金	従業員に対する退職給付の支払いに備えるため、必要額を計上する引当金。

(2) 属性別分類

負債を、債務であるか否かを基に、次のように分けられる。

法的債務		債務者が債権者に対して一定の行為又は給付を遂行しなければならない義務又は責任をいう。次の2つに区分される。	
	確定債務	債務の履行義務が法律や契約により確定しているもの	支払手形、借入金等
	条件付債務	所定の契約条件が生じたときに債務の履行義務が確定するもの	製品保証引当金、賞与引当金等
債務でない負債		期間損益計算の目的から設定される負債項目	修繕引当金
		実質主義の見地から計上される負債	リース債務

2 負債の評価

負債の評価基準は、(1)債務額、(2)合理的見積額、及び(3)現在価値の3種類ある。

区　分	内　容
債務額	支払手掛、買掛金、借入金など契約により支払が確定している金融負債は原則として、債務額で評価する。ただし、社債については、社債金額よりも低い価額又は高い価額で発行した場合には、「償却原価法」を適用した金額で評価する。
合理的な見積額	引当金や、契約による金額が確定していない債務は、合理的見積りに基づいた金額で貸借対照表に計上する。
割引現在価値	退職給付引当金、資産除去債務など特定のものは、それぞれの会計基準に定める割引現在価値に基づく金額で評価する。

第2節　社債

社債の発行には、社債の約定利率と市場利子率との関係から、次の3つの形態がある。

発行形態	内　容
平価（へいか）発行	券面額を払込価額とする発行。額面発行ともいう。
割引発行	市場利子率より約定利率が低い社債は、券面額より低い金額を払込価額とする発行。
打歩（うちぶ）発行	市場利子率より約定利率が高い社債は、券面額より高いプレミアム付きで発行する発行。

なお、社債の償還には、満期に一括償還するとなると多額の資金を準備など企業にとっては資金繰りが大変なので、抽選により順次償還したり（抽選償還）、証券市場から随時時価で買取る買入償還を行うことがある。

1　償却原価法－利息法

払込価額と券面額との社債発行差額は、クーポンレート（利札の利率）と発行時の市場利子率との調整に基づく金利調整差額として、償還期間にわたり毎期一定の方法で社債の貸借対照表計上額に加減する「償却原価法」によって処理される（金融商品会計基準26ただし書き）。

> 設例　1月1日に額面総額10,000百万円（期間3年、年利6％）を額面100円につき払込金額94円の条件で発行した。

《社債発行時》
　（借方）　　　　　　　　　　　　　　　（貸方）
　　現金預金　　　　　　9,400　／　社債　　　9,400

社債が発行されると、利払日（年2回）に券面額に約定利率を乗じた社債

利息が支払われる。この社債利札による利息支払総額と社債発行差額の合計額を社債の帳簿価額に対して一定率（実効利子率）となるに複利でもって各期に利息費用を配分する。この方法を「利息法」という（金融商品会計基準70）。

第1回利払日（X1年6月30日）

（借方）		（貸方）	
社債利息	300	現金預金	300

券面額$10,000 \times 6\% \times \dfrac{6 \text{か月}}{12 \text{か月}} = 300$百万円

（借方）		（貸方）	
社債利息	90	社債	90

実効利子率rとすると

$$\frac{300}{1+0.5r} + \frac{300}{(1+0.5r)^2} + \cdots + \frac{300}{(1+0.5r)^5} + \frac{10,300}{(1+0.5r)^6} = 9,400$$

この式を解くと、r＝8.3％

第1回利払日の社債発行差額の償却額は、

$9,400$百万円$\times 8.3\% \times \dfrac{6 \text{か月}}{12 \text{か月}} - 300$百万円$= 90$百万円

各利払日における利息及び償却額は以下の表のとおり。

(百万円)

年月日	利息支払額	利息配分額（期間費用）	社債発行差額償却	社債帳簿価額
X1. 1. 1				9,400
X1. 6.30	300	9,400×8.3%/2=390	390－300＝ 90	9,400＋90＝ 9,490
X1.12.31	300	9,490×8.3%/2=394	394－300＝ 94	9,490＋94＝ 9,584
X2. 6.30	300	9,584×8.3%/2=398	398－300＝ 98	9,584＋98＝ 9,682
X2.12.31	300	9,682×8.3%/2=402	402－300＝102	9,682＋102＝ 9,784
X3. 6.30	300	9,784×8.3%/2=406	406－300＝106	9,783＋106＝ 9,890
X3.12.31	300	9,890×8.3%/2=410	410－300＝110	9,889＋110＝10,000
合計	1,800	2,400	600	

償還時には社債の帳簿価額は10,000百万円になっている。

(借方)		(貸方)	
社債	10,000	現金預金	10,000

2　償却原価法－定額法

　社債発行差額の償却は、原則として上記の利息法によるが、継続適用を条件として、簡便法である定額法（社債発行差額を社債発行日から償還日までの期間で除して均等額を各期の損益に配分する方法）も認められている（金融商品会計実務指針70）。

　先の例では、毎期200百万円ずつ社債発行差額の償却と社債の帳簿価格を増額させる。

(借方)		(貸方)	
社債利息	200	社債	200

$$\frac{社債発行差額600百万円}{償還期間3年} = 200百万円$$

　2年目以降同様の会計処理をすると、3年後には社債の帳簿価額は10,000百万円になる。

Comment　会社の業績が悪くなると社債に評価益

　会社が発行した社債が市場に上場されると、そのときの会社の財務状況を反映した格付けに左右された市場価格がつく。日本では、社債は発行価額で貸借対照表に計上され、市場で流通している社債の価格とは切り離されているが、米国や国際会計基準では市場価格を関連させようと負債を時価評価する。

　例えば、A社は当初2％の金利で社債を発行できたとする。そのときの社債の市場価格は額面の100円であるから、A社の貸借対照表の負債には社債は100円として計上される。ところが、A社はその後業績が悪化して、信用リスクが高まり5％でないと社債が発行できなくなってしまった。この時点では金利5％の社債の市場価格が100円になるから、以前発行した2％の社債の市場価格は100円を下回ることになる。例えば、95円とする。ここで、A社自身が以前発行した金利2％の社債を市場で95円で買入し社債を償還すれば、負債に計上してある100円と95円の差額5円が「社債償還益」になる。

　そこで、実際に社債を買入償還しなくても社債の市場価格が低下していれば、負債の実質価値は低下しているから、その分「評価益」が計上できるという考え方である。その結果、会社の経営内容が悪くなると、負債の評価額が減少し利益が発生することになる。

　これが出来るのは、一定の条件下で金融資産、金融負債もしくはその両方を期末に公正価値で評価し、評価差額を損益計算書に計上する「公正価値オプション」という方法を選択した企業に限られるが、国際会計基準では発行者自身の信用リスクに起因する公正価値の変動は、純損益ではなくその他の包括利益に計上すること（IFRS 9）とされ、損益計算書への計上を禁止している。現在の日本の会計基準に公正価値オプションはなく、これにより、負債の評価益が計上されることはない（ただし、買入消却により実現した償還益を計上する事例はある）。

第3節　引当金

　引当金とは、将来の費用又は損失のうち当期の負担に属する金額を合理的に見積もり、当期の費用又は損失として計上する際に生じる項目である。

　その目的は、費用収益対応の原則により当期の収益に対応する費用を計上することでより適切な期間損益計算を行うことであり、企業が所有する資産の適切な評価額を認識し、又は企業が将来に負う債務を負債として認識することである。

　引当金の設定要件は次のとおりである（企業会計原則注解18）。

1　将来の特定の費用又は損失であること
2　その費用・損失の発生が当期以前の事象に起因していること
3　その費用・損失の発生可能性が高いこと
4　その費用・損失の金額を合理的に見積もることが可能であること

分類及び具体例

分　類	具体例	引当金の内容
評価性引当金（注）	貸倒引当金	債権の貸倒による損失に備えるため、損失見込額を引当計上
負債性引当金	賞与引当金	従業員などに対して支給する賞与の支給見込額を計上する引当金
	製品保証引当金	販売した製品について無償修理保証している場合に予想される保証費の見積額を引当計上
	ポイント引当金	顧客に対して製品を販売した際にポイントやマイレージなどの特典を与える場合、将来顧客に対して提供するサービス（無償提供の製品）の金額を見積もって計上する引当金
	返品調整引当金	返品率の高い雑誌書籍などを販売している企業が当該販売商品を売価で買戻す契約をしている場合、その返品によって生じる売上高の減少及び買戻義務を認識する引当金
	退職給付引当金	従業員の退職金などの給付に備えるため、予想される当期の負担額を見積計上する
	修繕引当金	使用中の固定資産について、定期的に修繕を行う場合、次期以降に行われる修繕のための費用をあらかじめ見積計上するもの 上述した負債性引当金と異なり債務性がない引当金で、修繕費を期間対応させるために設定される

（注）　評価性引当金は、負債の部に計上しないで、関連する資産の金額から控除する形式で表示される。

第4節　退職給付引当金

　従業員の退職時に支払われる退職一時金や退職後支給される退職年金などの退職給付は、従業員が提供した労働の対価として支払われる給料の後払いと理解されている。このため、従業員が労働役務を提供した期間の費用として会社が将来支払わなければならない退職給付の金額のうち、当期に負担すべき金額を会計処理しようとするのが、退職給付に関する会計処理である。

> **Advance　退職給与引当金 vs 退職給付引当金**
>
> 　我が国企業は、これまで従業員の退職金を「退職給与引当金」という引当金で計上してきた。ほとんどの企業は、税法基準に基づき、従業員が決算期末に全員自発的に退職したとした場合における会社が退職金を支給するに必要な額（期末自己都合要支給額）の40％相当額を計上していた。しかし従業員全員が自発的に退職するというのは非現実的であり、また期末日から自発的に退職する日までの残存勤務期間の統計に基づき、現在価値に割り引いたのが40％という根拠とされていた。その現在価値の割引計算に使われた割引率は8％であるが、現在の低金利時代と合致しない。更に、税法基準は平成10年の改正で40％から徐々に20％にまで引き下げられたので、税法基準を採用している企業では積立不足が深刻になってきた。
>
> 　そこで平成10年新たに導入されたのが「退職給付に係る会計基準・同注解」（企業会計審議会）であり（現在は平成24年に企業会計基準第26号「退職給付に関する会計基準」に改正されている）、「退職給付引当金」という引当金に変わった。

1 退職給付債務の計算方法

まず従業員ごとに退職金として将来支払うと見込まれる額(退職給付見込額)のうち、採用した時から当期末までの期間に対応する額を算出する。

> 設例 30年働いた時の退職金が3,000万円の会社の場合、ある従業員が10年勤務していたとすると、単純に言えば3,000万円×$\frac{10年}{30年}$=1,000万円が採用した時から当期末までの期間に対応する額である。
> (この事例では期間帰属の方法を、毎年100万円ずつ発生する「期間定額基準」で計算している。この他「給付算定式基準」という方法も認められている。)

しかし、この1,000万円は20年後に支払う予定の金額であるので、現在の価値に割り引いた金額が債務として認識する金額(退職給付債務)になる。

割引率を3%とすると現在価値は744万円。

計算式は $\frac{1,000}{(1+0.03)^{10}} = 744$

割引率2%では820万円に増加する。

割引率が低いほど現在価値は大きくなり、低金利の現在では退職給付債務は大きく膨らむ。割引率は退職給付支払ごとの支払見込期間を反映した割引率とされ、安全性の高い長期債券利回りを基礎として決定される。会社としての退職給付債務は、こうして計算した従業員全員分の合計になる。

実際には、退職給付見込額といっても、計算は簡単ではない。一般的に勤続年数が長くなると退職金は多くなる傾向がある。また退職金は今後の給与の上昇によっても変わるし、どういう役職かによっても違ってくる。退職する時期も定年まで勤めあげる従業員もいれば、途中で退職する人、不幸にも病気や事故で死亡する人もあるかもしれない。退職給付見込額は、従業員の退職率や予定死亡率、予定昇給率等を加味して複雑な計算によって算定される。こういう計算を数理計算といい、保険数理士(actuary)が専門的に行う。

2　退職給付債務と退職給付引当金の関係

以上のようにして計算された退職給付債務の金額から、会社が従業員の退職金の支払いに充てるため外部の信託銀行等に年金資産を積み立てた額があれば、それを控除した残額が「退職給付引当金」になる。図示すると次のとおり。

```
退職給付引当金    退職給付債務    外部に積み立てた年金資産
   20,000    ＝    30,000    －      10,000
```

退職給付引当金	20,000	退職給付債務	30,000
年金資産	10,000		

退職給付債務は計算上の債務であり貸借対照表に計上されない。また年金資産は、外部の信託銀行に拠出した資金で退職給付の支払いのためにのみ使用されるので、会社の貸借対照表に計上されない。差額の退職給付引当金が負債に計上される。

もし、年金資産が退職給付債務の額を上回った場合は、債務以上に外部に資産があることになり、この場合は引当金ではなく上回った額は前払年金費用として資産に計上される。

3　未認識債務

退職給付見込額の算定基礎となる退職率、昇給率等の見込数値と実績との間に差異が発生する。また、年金資産の期待運用収益と実際の運用成果との差異も生じる。これらを「数理計算上の差異」という。さらに、退職給付額を引上げたり、引下げるなどの制度内容を変更する場合には、退職給付債務は増減する。その増減部分を「過去勤務費用」という。

これらの数理計算上の差異や過去勤務費用については、従業員の平均残存勤務期間などの一定期間にわたって規則的に費用計上する方法が採用されて

いる。このように発生時に一括費用計上するのではなく、将来期間に費用を配分する遅延認識の結果、まだ費用処理されていない未認識債務が存在し、退職給付引当金に反映されない。

なお、平成24年改正（企業会計基準第26号）では、遅延認識による費用処理を認めながら、この未認識債務の額を含めた退職給付債務から年金資産を控除した積立状況を示す額を連結貸借対照表の負債（「退職給付に係る負債」）に計上し、年金資産の額が退職給付債務を超える場合には資産（「退職給付に係る資産」）として計上するとともに、費用処理されていない部分は純資産の部（その他の包括利益）に計上する処理方法が連結財務諸表で採用された（適用開始は平成26年3月期）。ただし、個別財務諸表には適用されず、これまでの取扱いが継続される。

4　退職給付費用

損益計算書に計上される退職給付費用は、次のとおり。

	項目	内容
＋	勤務費用	従業員の勤続期間に対応して企業が認識すべき費用
＋	利息費用	割引計算によって計算された期首時点の退職給付債務について、期末までの時間の経過によって発生したと考えられる計算上の利息の額
±	期待運用収益	年金資金として運用されている資産の運用法に見合って期待できる収益
±	数理計算上の差異当期費用	退職給付見込計算の基礎となる退職率などの見込みと実際との差に基づく差額の当期負担額
±	過去勤務費用当期費用分	退職給付制度の変更にともなって発生する退職給付債務の差額の当期負担額
＋	会計基準変更時差異	従来の主に税法基準で計上された「退職給与引当金」と退職給付会計適用初年度（平成12年4月）の「退職給付引当金」との差額。積立不足額であり、15年以内の一定年数で償却することが認められている。

合計＝ 退職給付費用

第5節　資産除去債務

　資産除去債務とは、有形固定資産の除去に関して法令や契約で要求される法律上の義務等であり、原子力発電設備の廃炉解体義務や、法律などに基づく工場跡地の有害物質等の除去義務、賃借契約による賃貸物件の原状回復義務などである。有形固定資産の取得、建設、開発又は通常の使用によって発生したときに、将来の除去費用を見積り、その割引現在価値の金額を負債に計上する（資産除去債務会計基準4）。

　資産除去債務に対応する除去費用は、資産除去債務を負債として計上したときに、当該負債の計上額と同額を関連する有形固定資産の帳簿価額に加える。資産計上された除去費用は、減価償却を通じて当該有形固定資産の残存耐用年数にわたり、各期に費用配分される（資産除去債務会計基準7）。

> 設例　使用後に除去する法的義務がある機械装置5,000万円（耐用年数10年、定額法）を取得し、この除去費用が10年後に50万円であるとする。10年後の資産除去債務50万円は、割引率2％とすると、現在価値41万円（50×0.82（＝2％、10年の現価率）＝41万円）。貸借対照表は次のとおりである。

有形固定資産：		固定負債：	
機械装置	5,041	資産除去債務	41
		（純資産）	

　毎期の除去費用は、機械の減価償却費504万円に含まれ、資産除去債務の金額は毎期発生する利息費用相当額（第1年度末 41×1.02＝42万円）だけ増加する。1年後の貸借対照表は以下のとおりである。

有形固定資産：		固定負債：	
機械装置	5,041	資産除去債務	42
償却累計額	−504	(純資産)	
	4,537		

また、損益計算書は次のようになる。

減価償却費	504
利息費用	1

以後、毎期末において同様の処理を行うことにより、10年後の減価償却累計額は5,041万円、資産除去債務の残高は50万円となり、追加の損益を計上することなく資産除去を行うことができる。

Comment

　従来の引当金の会計では借方は常に費用又は損失であった。このため資産除去債務を見積もり計上する基準が日本に存在しなかった。会計の国際化の流れから見積除去債務を負債と資産に両建て計上し、負債の評価に債務額ではなく割引現在価値を導入したことは画期的と言える。

第6節　偶発債務

　債務保証による支払義務、不渡手形による支払義務などの債務で、その発生が未だ不確定のものは、「偶発債務」といわれ、財務諸表に注記（追加情報の注記）しなければならない（会社計算規則103五、財規58）。ただし、保証債務の履行に伴う損失の発生の可能性が高く、損失金額の見積が可能な場合は債務保証損失引当金を計上する。

[問題]

1　次の負債は、流動負債か、固定負債か判別しなさい。
　(ア)　固定資産の購入に基づいて発生した支払手形、期日は6か月後
　(イ)　最終返済期限が10年後の銀行借入金のうち、翌期に分割返済する金額
　(ウ)　返済期日を決めていない社長からの借入金
　(エ)　返済期日に1年間借換えが予定されている短期借入金

2　一杯200円のコーヒー11杯分を2,000円でコーヒー券を発行している。発行時及びコーヒー交換時にどのような会計処理をするか。

3　有効期限付きの商品券で、期限到来したときはどうか。

4　会社創業50周年記念事業のために引当金を計上することはできるか。

5　社債、長期借入金の時価は、財務諸表に注記されるが、どのように時価を算定するか。

第4章

貸借対照表
③ 純資産

第1節　資本の意義

1　純資産と資本

　従来「資本」は、会社総資産のうち、所有者である株主に帰属する金額であった。貸借対照表等式からわかるように資産総額から負債総額を控除したものであった。

$$資産 ＝ 負債 ＋ 資本 \quad\Rightarrow\quad 資本 ＝ 資産 － 負債$$

　現在の会計基準では、その他有価証券を時価評価する結果生じる評価差額は、未実現損益であり売却によって実現するまで株主に帰属する持分かどうかまだ明確になっていないものとして、損益計算書に計上しないで直接純資産に直入する会計処理を行う。新株予約権は、予約権行使するまでは株主ではないが、弁済義務のある負債でもない。少数株主持分に至っては、親会社株主ではないものの負債ではない。このような項目は従来の所有者に帰属する資本概念では説明できない。

　そこで、資産から負債を差し引いた差額概念を「資本」から「純資産」に改め、純資産の内訳として従前の資本を「株主資本」とし、評価・換算差額等（有価証券評価差額金や繰延ヘッジ損益、為替換算調整を総称する言葉）、新株予約権、少数株主持分（連結貸借対照表の場合）も、株主資本を構成しない純資産項目として純資産の部に区分して計上することとなった（会社計算規則73、76、純資産会計基準）。

純資産の概念は次のとおり。

資本金	払込資本	株主資本 (自己資本)	純資産
資本剰余金 　資本準備金 　その他資本剰余金			
利益剰余金 　利益準備金 　その他利益剰余金 　　任意積立金 　　繰越利益剰余金			
▲自己株式			
評価・換算差額等（注１）			
新株予約権			
少数株主持分（注２）			

（注１）　連結貸借対照表では、「その他の包括利益累計額」という。
（注２）　少数株主持分は、第９章「連結財務諸表」で述べているが、平成27年４月１日以降開始する連結会計年度から「非支配株主持分」という。

2　負債と資本の区別

　負債と資本は、経済的にみるといずれも会社財産を調達する資金の源泉を示しており、負債はいずれ債権者に返済しなければならない「他人資本」に対して、資本は企業が継続する限り返済を要しない「自己資本」を示している。

　しかしながら、近年金融技術の発展に伴い、負債と資本の区別が難しい金融商品が開発されてきた。例えば、会社の解散又は破綻時に他の債務への弁済をした後の余剰資産により弁済される劣後債、さらに償還期限のない永久劣後債などは社債ではあるが資本に近い。国際業務を行う銀行の自己資本比率に関する国際統一基準（BIS規制）では資本扱いされる。また、普通株主に優先して一定の率で剰余金の分配が受け取れる優先株式、一定の条件で償還を請求できる権利のついた償還請求権付株式、株主からの請求により買い

入れる買入請求権付株式など、社債に近い性格の株式も発行されている。日本では、権利の内容を法形式に照らして資本か負債か区別され会計処理される（国際会計基準では償還権付優先株は負債として処理される（IAS32）。）。

> Advance ▶ BIS 規制
>
> 　1980年代に国際金融の世界は飛躍的に発達したが、その一方で個々の民間銀行の累積債務が増加していた。同時に、1つの銀行の破綻が世界中の金融に影響をあたえるシステミック・リスクが心配されるようになった。そこで1988年、国際決済銀行（Bank for International Settlements, BIS）によって発表されたのがBIS規制（バーゼル合意）である。破綻した金融機関には自己資本比率の低下が共通点として観察されたため、BIS規制では国際的に業務を展開している銀行については、自己資本比率を8％以上に維持するように規定した。
>
> 　その後、自己資本比率の算定に考慮するリスクの範囲を拡大し、資本に総リスク資産の7％にあたる普通株式など質の高い自己資本の保有を求めるなど規制が強化されている。

第2節　株式資本

1　資本金

　資本金は会社法の定めに従い計上される金額である。株式を発行した場合、原則として、払込金額の全額を「資本金」に計上する（会社法445）。ただし、その払込金額のうち2分の1を超えない額は資本金として計上しないことができる（会社法445②）とされている。

　取締役会の増資決議で、授権株式数の範囲内で新株式を発行することができる。新株発行に当たっては、株式の申込時に申込証拠金を受領し、当該申込みに対して新株を割当て、新株を引受けてもらう。新株引受人は、払込期日までに払込金の払込を行い、払込期日の翌日に新株発行の効力が生じる。このような手続中に生じる「新株式申込証拠金」は、資本金の次に記載される（会社計算規則76②、財規62）。

　資本金の減資は、通常、配当財源を増加させるため、欠損填補のためなどの目的で行われる。これには、株主総会決議が必要で、減少した額は、資本準備金又はその他資本剰余金に振り替えられる（会社法447、会社計算規則26①一、27①一）。また、欠損金填補は、減少した資本金の額を「その他資本剰余金」に振り替え、そのうえで欠損金を填補する（自己株式会計基準20）。

2　資本剰余金

　株主からの払込資本のうち資本金以外のもので、会社法で積立てが法定されている「資本準備金」と、それ以外の「その他資本剰余金」からなる。

　資本準備金は、株式の払込金額のうち資本金に計上しなかった部分（株式払込剰余金）（会社法445③）、後述するその他資本剰余金から配当した場合、その額の10％相当額を計上した部分（会社法445④）からなる。

　その他資本剰余金は、資本剰余金のうち、資本準備金以外のもので、株主

総会決議で分配可能となる（会社法452）。

3 利益剰余金

利益剰余金は、会社が稼得した利益の留保額であり、会社法によって積立てが法定されている「利益準備金」、それ以外の「その他利益剰余金」からなる。さらに、その他利益剰余金は、株主総会決議によって会社が任意に留保する「任意積立金」、と留保・処分などの使途が未定の「繰越利益剰余金」とに分けられる。

(1) 利益準備金

会社の利益のうち会社法の定め（会社法445④）により、会社は毎決算期に金銭等による剰余金の配当によって減少するその他利益剰余金の10％相当額をその他利益剰余金から利益準備金に積み立てなければならない。また会計期間が1年の会社が取締役会の決議で期中に剰余金の中間配当を金銭で行った場合、その配当額の10％相当額を利益準備金に積み立てなければならない。積立限度は資本準備金と併せて、資本金の25％に達する金額（「基準資本金額」という。）まで積立て留保した金額である（会社計算規則22①1）。

利益準備金は、株主総会決議により、その他利益剰余金に振替える（会社法448、会社計算規則28②）ことができ、欠損填補や、資本金とすることもできる。

(2) 任意積立金

任意積立金は、株主総会決議により利益剰余金の留保目的が決められたものである。例えば、配当平均積立金、事業拡張積立金、減債積立金などがある。また、特に使途を決めていない別途積立金も任意積立金の一つである。これら積立金は、特定の資金が預金口座などに留保されたものではなく、配当として社外流失しない剰余金という意味である。

(3) 繰越利益剰余金

当期純利益の額に、直近の剰余金処分後の残高を加算した金額であり、次

の株主総会における処分対象の金額である。

4　自己株式

　会社が発行した株式を取得し保有している株式を自己株式という。会社法では、株主総会の決議で定められた範囲内で自己株式を保有することができる（会社法155、156）。自己株式は取得原価で株主資本から控除する（自己株式会計基準7）。自己株式の取得は、実質的には株主に対する剰余金の分配と考えられ、取得した自己株式を再売却した場合は、実質的には新株式発行による資金調達と考えられる。再売却に伴って発生する自己株式処分差益は、損益計算書に計上される利益ではなく、その他資本剰余金に計上される。同様に自己株式処分差損はその他資本剰余金から減額される（会社計算規則24③）。

第3節　剰余金の分配

1　株式会社の剰余金概念

　会社法上の剰余金の額とは、下図のように、総資産と自己株式の合計額から負債、資本及び準備金（資本準備金及び利益準備金）の額並びに計算規則で定める各勘定科目（評価・換算差額等、新株予約権及び少数株主持分）の合計額を控除した金額とされている（会社法446一、会社計算規則149）。

> 剰余金 ＝ 資産 ＋ 自己株式 －（負債 ＋ 資本金及び準備金）
> 　　　　－（評価・換算差額等 ＋ 新株予約権）

例

期末貸借対照表

資産	500	負債	300
		資本金	100
		準備金	50
		自己株式	△10
		評価・換算差額	5
		新株予約権	1
		その他資本剰余金	14
		その他利益剰余金	40

期末剰余金

資産	500	負債	300
		資本金	100
		準備金	50
		評価・換算差額	5
		新株予約権	1
自己株式	10	剰余金	54

　結局、剰余金額は期末におけるその他資本剰余金とその他利益剰余金の合計額になる。なお、資本準備金及び利益準備金（合わせて「準備金」という。）は、分配可能額算定の基礎となる剰余金の額に含まれない。

2 分配可能額

株主総会で剰余金処分決議などを通じて配当等として処分できる金額の限度額は、「分配可能額」として法定されている（会社法461②、会社計算規則156～158）。すなわち、次のように計算される。

> 分配可能額 ＝ 剰余金額 －（自己株式 ＋ 会社法461②六に定める金額）

ここで会社法461条第2項第6号に定める金額とは、例えば、

(ア) （のれんの額の$\frac{1}{2}$＋繰延資産合計額）－（資本金＋準備金）　など

(イ) その他有価証券評価差額金のマイナス（差損額）のもの　など

一定の場合、分配可能額から控除して制限を設けている。

このうち、(ア)については、既に第2章第5節「繰延資産」で述べたように、会社法は、繰延資産は擬制資産であり担保財源になりえないと考えられている。また「のれん」についても一部を除き担保財源がないとみなされ、債権者保護の立場から次のような配当規制を設けている（会社計算規則158）。

のれん及び繰延資産に関する配当等の制限

	条　件		分配可能額から減額される金額
1	のれん等調整額≦資本等金額		なし
2	のれん等調整額 ≦（資本等金額＋その他資本剰余金の金額）		のれん等調整額－資本等金額
3	のれん等調整額 ＞（資本等金額＋その他資本剰余金の金額）		
	①	$\frac{のれんの額}{2}$≦（資本等金額＋その他資本剰余金）	のれん等調整額－資本等金額
	②	$\frac{のれんの額}{2}$＞（資本等金額＋その他資本剰余金）	その他資本剰余金の金額　＋　繰延資産の金額

のれん等調整額＝$\frac{のれんの額}{2}$＋繰延資産

資本等金額＝資本金＋資本準備金＋利益準備金

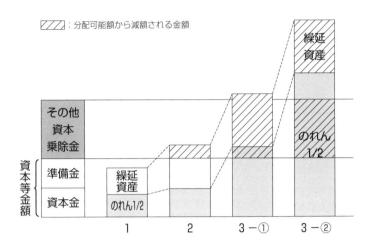

(イ)については、その他有価証券評価差額のうち差損については、評価損であり、損益計算書に計上されたと見なしてその損失額を分配可能額から控除する。

分配可能額が厳密に法定されている理由は、剰余金の分配として会社財産が株主に流出されることに制限を設けて、会社債権者の利益を保護するためである。

第4節　その他の純資産項目

1　評価・換算差額等

既に述べたように、その他有価証券を時価評価した際に生じる差額金は未実現の含み益又は含み損であり、売却により確定するまでは損益計算書に計上せず、純資産の部に、その他有価証券評価差額金の科目をもって記載される。含み損があった場合は、その他有価証券評価差額金はマイナス表記となる。

すなわち、貸借対照表に評価・換算差額等として、
① 　その他有価証券評価差額金
② 　繰延ヘッジ損益（デリバティブの時価評価差額をヘッジ会計を適用することにより繰り延べた損益）

が記載される。

なお、第9章「連結財務諸表」で後述するが、連結貸借対照表では上記の他、
③ 　為替換算調整勘定（連結財務諸表作成に当たり在外子会社の外国通貨で表示された財務諸表項目の邦貨換算時に生じる調整勘定）
④ 　退職給付に係る調整累計額

が記載され、「評価・換算差額等」に代えて「その他包括利益累計額」と称される。

2　新株予約権

新株予約権は、その保有者が発行者である株式会社に対して行使することにより、予め定められた行使価額でその会社の株式の交付を受けることができる権利である。発行会社側は、この権利が行使されれば株式を交付すれば足りるので負債の性格はなく、新株予約権者は現在の株主ではないから株主資本に含めることはできない。このため新株予約権は純資産の部に株主資本

から区分して記載することとなった（会社計算規則76①、純資産会計基準22）。

> **Advance** ストック・オプション
>
> 　ストック・オプションとは、会社が役員・主要従業員等に対して報酬の一部として与えた当該会社の新株予約権である。新株予約権の発行の対価は、従業員等が会社に提供した役務の対価であるが、その時価の算定には一定の評価モデル（ブラック＝ショールズ・モデル等）を利用するのが一般的である。ストック・オプションとして付与する新株予約権は、従業員等の権利確定までに一定の期間を要することから、新株予約権の付与時点での時価の総額を権利確定までの期間にわたって配分し、その額を株式報酬費用として労務費等に計上する。
>
> 　権利確定後は、新株予約権として純資産の部の１項目として記載され、権利行使に伴って株式が交付されると、資本金、資本準備金となる。また、権利が行使されない場合は、新株予約権戻入れ益（特別利益）として損益計算書に計上される（ストック・オプション会計基準４〜９）。

第5節　株主資本等変動計算書

1会計期間における貸借対照表の純資産の部の各項目の変動要因を報告するのが、株主資本等変動計算書である。会社法、金融商品取引法とも基本となる財務諸表の一つとして位置づけられている。

これは、会社法の施行により、剰余金の配当を株主総会又は取締役会の決議によりいつでも決定でき、株主資本の内訳をいつでも変動させることができるようになったこと、損益計算書に計上されない評価・換算差額等の内訳、増減事由を把握するため、株主資本等変動計算書が必要とされたためである（株主資本等変動計算書会計基準18）。

> 設例　前提条件として、期首残高に資本金10,000、資本準備金1,000、その他資本剰余金100、利益準備金500、別途積立金500、繰越利益剰余金4,500、その他有価証券評価差額金400がある。なお、期末に当期純利益を2,000計上した。（単位：百万円）

会計処理

(1) 増資：新株発行して増資2,000百万円実施し、増加する資本金に1,000百万円、資本準備金に1,000百万円とした。

（借方）		（貸方）	
現金預金	2,000	資本金	1,000
		資本準備金	1,000

(2) 配当：繰越利益剰余金から配当1,000百万円を金銭で支払い、利益準備金の100百万円繰入れた。

（借方）		（貸方）	
繰越利益剰余金	1,100	現金預金	1,000
		利益準備金	100

(3) その他有価証券評価替え:その他有価証券を評価替えした結果、評価益が100百万円増加した(税効果は考えない)。

(借方)		(貸方)	
その他有価証券	100	その他有価証券評価差額金	100

(4) 自己株式取得:自社株式400百万円を取得した。

(借方)		(貸方)	
自己株式	400	現金預金	400

(5) 自己株式処分:自己株式のうち300百万円を250百万円で売却処分した。

(借方)		(貸方)	
現金預金	250	自己株式	300
その他資本剰余金 (自己株式処分差損)	50		

株主資本等変動計算書　自 XX年 月 日　至 XX年 月 日

(百万円)

	株主資本										評価・換算差額等	純資産合計
	資本金	資本剰余金			利益剰余金				自己株式	株主資本合計		
		資本準備金	その他資本剰余金	資本剰余金合計	利益準備金	その他利益剰余金		利益剰余金合計				
						別途積立金	繰越利益剰余金					
当期首残高	10,000	1,000	100	1,100	500	500	4,500	5,500	0	16,600	400	17,000
当期変動額												
新株の発行　(1)	1,000	1,000		1,000						2,000		2,000
剰余金の配当　(2)					100		△1,100	△1,000		△1,000		△1,000
当期純利益							2,000	2,000		2,000		2,000
その他有価証券の評価 (3)											100	100
自己株式の取得　(4)									△400	△400		△400
自己株式の処分　(5)			△50	△50					300	300		300
当期変動額合計	1,000	1,000	△50	950	100		900	1,000	△100	2,900	100	3,000
当期末残高	11,000	2,000	50	2,050	600	500	5,400	6,500	△100	19,500	500	20,000

株主資本等変動計算書は、上記のように純資産の各項目を横に並べる様式の他に、縦に並べる様式もある。

> **Advance** 当期首残高か、前期末残高か
>
> 　株主資本等変動計算書に記載する各項目は、「当期首残高」から始まり「当期変動額」を記載し「当期末残高」で終わる形式である（株主資本等変動計算書会計基準6）。この形式になったのは平成22年改正で平成23年4月1日以降開始事業年度からである。
>
> 　それ以前は「前期末残高」からスタートしていた。これは、同日から適用開始された「過年度遡及会計基準」により、新しい会計基準の遡及適用や過年度誤謬の修正再表示した場合、前期末残高を遡及調整しなければならなくなったからである。この場合、前事業年度の期末残高は遡及調整後の当期首残高と一致しない。

[問題]

1　純資産の部に記載されるものはどれか、選びなさい。

　(ア)　新株交付費

　(イ)　その他資本剰余金

　(ウ)　配当平均積立金

　(エ)　特別償却積立金

2　本文7で説明した株主資本等変動計算書を縦に並べる様式で作りなさい。

3　当期末に資本金1億円、資本準備金3億円、利益準備金9千万円、繰越利益剰余金10億円の株式会社の株主総会で、次の配当決議を行った。次の各ケースにおける配当決議日の会計処理を答えなさい。

　(ア)　金銭による剰余金の分配1億円、利益剰余金への積立1千万円

　(イ)　金銭による剰余金の分配2億円、利益剰余金への積立2千万円

4　次の資料から分配可能額を算定しなさい。

(ア)　最終事業年度末（平成26年3月31日）の貸借対照表

貸借対照表			（百万円）
資産	300	負債	500
のれん	400	資本金	200
繰延資産	100	資本準備金	40
		その他資本剰余金	20
		利益準備金	20
		その他利益剰余金	100
		有価証券評価差額金	－50
		自己株式	－30
	800		800

(イ)　最終事業年度の末日後に行なった自己株式の処分：
　　簿価15の自己株式を20百万円で売却、自己株式処分差益が5百万円生じた。

第 5 章

損益計算書

第1節　損益計算書の意義

　損益計算書（Income Statement 又は Profit and Loss Statement（P/L））とは、企業のある一定期間における収益と費用の状態を示し、「経営成績」（投資の効果）を明らかにする。具体的には、その期間中に発生した「収益」と「費用」を対比して、純損益を確定するとともに、その純損益の発生原因及び過程を明らかにする。

損益計算書
自平成Ｘ年ＸＸ月ＸＸ日　至平成Ｘ年ＸＸ月ＸＸ日

費用	収益
当期純利益	

　企業は、経済活動（利益を目的とする営利活動）をする上で、まず、資金を集めなければならない。具体的には、株主から資金を出資してもらい、また、金融機関から事業資金を借入れ、更に社債等を発行して、「資金調達」を行う。この活動は、貸借対照表の貸方に表示される。

貸借対照表
平成Ｘ年ＸＸ月ＸＸ日現在

	借入金 社債など 資本金	｝資金調達

　次に、この調達した資金を使って、企業は、営業活動を行うことになる。例えば、土地を購入し、工場を建て、材料を購入し、製品（商品）を製造する。すなわち、貸借対照表の借方は、この「資金運用」を示すことになる。

貸借対照表
平成 X 年 XX 月 XX 日現在

資金運用 ｛ 製品（商品）
　　　　　土地
　　　　　工場など

　企業は、これらの製品が出来上がる（又は商品を仕入れる）と、それらを販売して、利益を獲得する活動をすることになる。利益は、基本的に収益から費用を控除して導かれる。製品を販売すると、それによって生じた（獲得した）貨幣（現金）又はそれと同等物（売掛金）を獲得する。これを「収益」という。一方「費用」は、この収益を得るために要した財貨又は用益の費消をいう。この「収益」と「費用」を表したものが、損益計算書である。したがって、収益は、企業の生産活動や販売活動による努力によって得た成果であることから、「収益」＝「努力の成果」ということができ、費用はその成果である収益を得るために失われた経済価値である価値犠牲であるから、「費用」＝「価値犠牲」ということもできる。

　また、「収益」は「資本取引以外による株主資本の増加原因」を示し、「費用」は「資本取引（配当等も含む）以外による株主資本の減少原因」ともいう。

　なお、現行会計基準は必ずしも正しいとは限らない。収益費用を認識しない株主資本の増減をその他包括利益で示している。

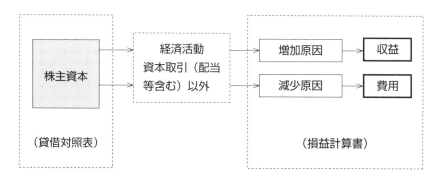

第2節　損益計算書の方法

　期間損益計算とは、継続して行われる営業活動を会計期間ごとに区切って損益の計算を行う。

　損益計算の方法としては、「財産法（期末資本と期首資本との差額として利益を算定する方法）」と「損益法（一会計期間の収益より費用を差し引いて利益を算定する方法）」がある。

```
損益計算の方法 ─┬─→ ①　財産法（期首資本と期末資本）
                └─→ ②　損益法（収益と費用）
```

1　財産法
　財産法の基本算式は、次のとおりである。

```
期末資本※1 －　期首資本※2 ＝　当期純損益
※1　期末資産－期末負債＝期末資本
※2　期首資産－期首負債＝期首資本
```

　財産法によれば、上記の算式から分かるように、当期純損益の総額は把握できるが、その発生原因を明らかにすることができない。ただ、実態的に確実な資産の存在を把握できるというメリットはある。

　財産法による期間損益計算を図で示せば、次のようになる。

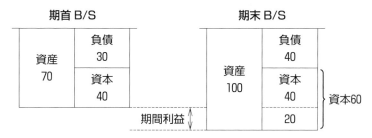

2 損益法

損益法とは、一定期間における収益と費用の総額に基づいて損益計算を行う。

損益法は、財産法と異なり、当期純損益の発生原因を明らかにする。

損益法の基本算式は、次のとおりである。

$$収益 - 費用 = 当期純損益$$

損益法による期間損益計算を図で示せば、次のようになる。

第3節　損益計算書の計上基準

1　収益・費用の計上基準

(1)　現金主義とは、損益の計上を現金の収入・支出という事実に基づいて行うという考えである。現金の収入・支出という、きわめて明確な事実に基づいて行われるので、損益の計上に恣意性が介入する余地がなく、また、未実現の収益が計上されることもない。このように、現金主義は、確実性等については優れているが、期間損益計算（現金主義故に、収益と費用が対応するということ）の合理性という点では欠陥を有している。

(2)　半発生主義とは、単に現金の収支をもって損益計上の基礎とするのではなく、将来受け取るべき現金収入、すなわち売掛金、受取手形、未収金などの債権を加え、また、将来支払うべき現金支出、すなわち買掛金、支払手形、未払金を損益計上のベースとする。ただ、この基準では、減価償却の計上、引当金の設定、繰延資産の償却などの処理は無視される。

(3)　発生主義とは、当該会計期間において発生したと合理的に認識・測定できる損益は、当該期間の損益として計上するという考え方である。

この発生主義によって、収益・費用の見越・繰延、工事進行基準、減価償却費、各種引当金の設定が行われることになる。

(4)　実現主義は、収益の計上基準に適用され、収益は、実現したときに計上すること（企業会計原則／損益計算書原則三B）と定められ、発生主義は、その恣意性の介入の余地がある故に、収益の計上基準としては、否定されている。

実現とは、一般的に企業が他の経済主体に対して財貨又は役務の提供を行った（完了した）ことをいう。実現主義の具体的な適用基準としては、引渡基準、工事完成基準、工事進行基準などがある。また、「実現」とい

う概念は、租税法における「権利確定主義」のように厳密なものではなく、弾力的であるとも解されている。

2　費用収益対応の原則

　費用収益対応の原則とは、収益項目（企業の経済活動による成果）と費用項目（収益を獲得するための経済的犠牲）の両者を各期間ごとに対応させることによって、企業活動の純成果（純利益）を算定すべきことを指示している会計原則である。すなわち、費用収益対応の原則は、一会計期間に帰属するすべての収益と、その収益を獲得するために発生したすべての費用を対応させて、損益計算を行うのである。

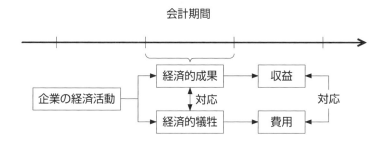

第4節　損益計算書の区分・表示

損益計算書が、企業の経営成績を明瞭に表示するためには、次に掲げる「総額主義の原則」「費用収益対応の原則」そして「区分表示の原則」に基づいて、作成しなければならない。

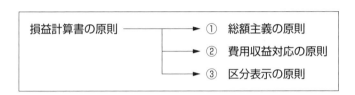

1　総額主義の原則（P/L原則B）

費用及び収益は、総額によって記載することを原則とし、費用の項目と収益の項目とを直接に相殺することによってその全部又は一部を損益計算書から除去してはならないとの「総額主義の原則」は、企業会計原則で規定している。すなわち、損益計算書の金額表示について、収益項目と費用項目を相殺して表示するのではなく、それぞれの項目ごとに総額で表示しなければならないという原則である。支払利息と受取利息については、相殺せずに、それぞれ表示するということである。これによって、明瞭な情報が利害関係者に伝えることができる。

2　費用収益対応の原則（P/L原則C）

費用及び収益は、その発生源泉に従って明瞭に分類し、各収益項目とそれに関連する費用項目とを損益計算書に対応表示しなければならないという費用収益対応の原則は、企業会計原則で規定している。

3　区分表示の原則

区分表示の原則とは、下図のように、費用・収益を発生源泉に従って「営業損益計算」「経常損益計算」そして「純損益計算」と区分し、その源泉別

に対応表示しなければならないというものである。

損益計算書

Ⅰ 売上高
Ⅱ 売上原価
　　売上総利益（又は売上総損失）
Ⅲ 販売費及び一般管理費
　　営業利益（又は営業損失）

｝ 営業損益計算区分

Ⅳ 営業外収益
Ⅴ 営業外費用
　　経常利益（又は経常損失）

｝ 経常損益計算区分

Ⅵ 特別利益
Ⅶ 特別損失
　　税引前当期純利益（又は税引前当期純損失）
　　法人税、住民税及び事業税
　　法人税等調整額
　　当期純利益（又は当期純損失）

｝ 純損益計算区分

第5節　営業損益の計算

営業損益計算区分は、「営業収益」と「営業費用」に区分され、他に、「営業費用」は、「売上原価」と「販売費及び一般管理費」に分けられる。

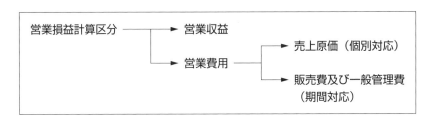

収益の基本は「営業収益」であり、販売（引渡）によって、収益の期間帰属が定まり、対価（現金や債権等）の受取りという事実によって収益を測定するというアプローチを「実現主義の原則」といい、一般に認められた処理基準とされている。ここでいう実現とは、財貨又は役務の移転（商品の販売・引渡し等）と、これに対する現金等価物（現金・売掛金・受取手形等）の取得のことをいう。損益計算書原則三B（実現主義の原則）では、「売上高は、実現主義の原則に従い、商品等の販売又は役務の給付によって実現したものに限る。ただし、長期の未完成請負工事等については、合理的に収益を見積もり、これを当期の損益計算に計上することができる。」と定めている。

「販売基準＝引渡基準」であるが、「販売」又は「引渡」の時を決めることは難しい。例えば、伝票を作成したときなのか、商品を送付したときなのか、相手から受け取ったという連絡を受けたときなのか、どれが正しいか決めることは難しい。

要は、妥当な時点を決定して、以後、継続して適用することにならざるを得ない。

営業収益の認識基準としては、原則として、「販売基準」が採られている

が、他に、次の基準がある。なお、委託販売、試用販売、予約販売及び割賦販売については、企業会計原則（注解6）で規定され、工事収益に関しては、同（注解7）で定められている。

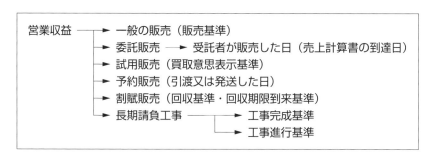

売上原価

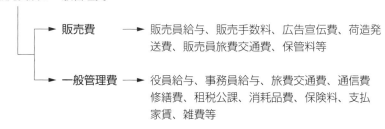

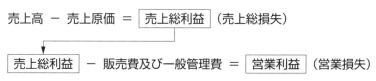

> **Advance** ▶ 商社の売上高
>
> 　総合商社のビジネスは、通常の商取引において、仲介業者又は代理人として機能する場合がある。自らリスクを負う契約当事者となる取引では、顧客から受取る対価を売上高とし、リスクを負わない代理人の場合は、顧客からの対価と第三者に対する支払額を控除したネットの金額を手数料収入として計上する事例が増えている。大手商社は国際会計基準を採用しており、収益計上基準が詳細に開示されている。
>
> 　このような業態は、デパート（売れない商品はすべて返品する商習慣があり、売れ残りのリスクを負っていないことが多い）や証券会社・旅行代理店のブローカー業務にも見られ、売買差額を手数料として純額表示している。ただし、デパートの公表財務諸表は、収益計上基準が開示されておらず、必ずしも手数料純額が表示されているとは限らない。

第6節　経常損益の計算

1　経常損益

経常損益は、本来の営業活動以外から生ずる損益（営業外収益・営業外費用）を、営業損益に加えて導く。「計上利益」と区別するために「ケイツネ利益」とも呼ばれることがある。

営業外収益　→　企業の主たる営業活動以外の活動から生じる収益
　　　　　　　　Ex. 受取利息、有価証券利息、受取配当金、為替差益等

営業外費用　→　企業の主たる営業活動以外の活動から生じる費用
　　　　　　　　Ex. 支払利息、売上割引、社債発行費償却、為替差損等

営業損益 ＋ 営業外収益 － 営業外費用 ＝ 経常利益 （経常損失）

2　外貨建取引等会計処理基準

国内企業が外国企業と外貨建てで取引を行う場合や在外子会社又は在外支店等の財務諸表項目は、本邦通貨に換算し、国内企業のB/SやP/Lに収容しなければならない。ここに為替相場に基づく円換算が必要となる。

換算の対象としては、次の3つがある。

①	外貨建取引の換算
②	在外支店の財務諸表項目の換算
③	在外子会社又は在外関連会社の財務諸表項目の換算

(1) 外貨建取引の換算（外貨建取引等会計処理基準一）

国内にある本店・支店が外貨建てで取引を行った場合には、次のような基準で処理することになっている。

摘　要	換算基準
① 取引発生時の処理	取引発生時の為替相場
② 決算時の処理	
外国通貨	決算時の為替相場
外貨建金銭債権債務	決算時の為替相場
売買目的有価証券	外国通貨による時価（決算時の為替相場）
満期保有目的の外貨建債券	決算時の為替相場
子会社株式・関連会社株式	取得時の為替相場
その他有価証券	決算時の為替相場
デリバティブ取引等	外国通貨による時価（決算時の為替相場）
③ 決済に伴う損益	当期の為替差損益

(2) 在外支店の財務諸表項目の換算（外貨建取引等会計処理基準二）

摘　要	換算基準
① 収益・費用項目	期中平均相場（下記②の費用化額を除く）
② 非貨幣項目 　例えば、固定資産	取得時の為替相場 （減価償却費は取得時為替相場を使う）
例外：重要性ない	決算時の為替相場
③ 貨幣項目	決算時の為替相場
④ 換算差額	当期の為替差損益

(3) 在外子会社の財務諸表項目の換算（外貨建取引等会計処理基準三）

摘　要	換算基準
⑤ 資産・負債	決算時の為替相場
⑥ 資本（取得時）	株式取得時の為替相場
（取得後に生じたもの）	発生時の為替相場
⑦ 収益・費用	期中平均相場（決算時為替相場も可）
⑧ 換算差額	為替換算調整勘定

第7節　純損益の計算

特別損益（特別利益・特別損失）とは、経常的な経営活動とは直接関係のない損益で、企業会計原則は、経常損益までは、費用・収益の対応を認めているが、特別損益計算には対応関係を認めていない。

特別損益の項目としては、次のものがある。

```
特別損益 ─→ 臨時損益 ─────────→ 臨時的・偶発的に発生するもの
              ・固定資産売却損益
              ・投資有価証券売却損益
              ・災害による損失
              ・減損損失
         ─→ 前期損益修正項目 ─→ 前期以前の企業活動に起因するもの
```

> **Advance▶ 前期損益修正項目**
>
> 前期損益修正の項目は、当期の経常利益から除くという意味で特別損益項目とされていた。しかし、過年度遡及会計基準により、過年度の引当金不足など過去の見積り誤りが判明した場合には、修正差額は過去の誤謬に該当し、過年度の財務諸表を修正再表示することとなった。ただし、状況の変化によって生じた見積りの変更は、前期損益修正でなく、状況が変化した時の損益として、その性質により営業損益又は営業外損益として認識される。
>
> なお、会社計算規則では、未だに前期損益修正は従来通り特別損益の1項目とされている。

法人税・住民税及び事業税

税引前当期純利益に基づき、税法上の規定に従って、所得を課税標準とする税金（法人税、住民税及び事業税）を計上する。

$$\text{税引前当期純利益} - \text{法人税、住民税及び事業税} - \text{法人税等調整額} = \boxed{\text{当期純利益}\\ \text{（当期純損失）}}$$

| 会計原則 | → | 当期純利益は、税引前当期純利益から当期の負担に属する法人税額・住民税額等を控除して表示する（企業会計原則第二 八）。

               ↓

① 当期に係る法人税、住民税及び事業税
② 税効果会計の適用により計上される法人税等の調整額

| 税効果会計 | → | 適正に期間配分することにより法人税等を控除する前の当期純利益と法人税等を合理的に対応させること。

               ↓

①と②の合計額が、税効果調整後の当期に負担する適切な税額となる。

第8節　税効果会計

1　概要

　会社は利益を課税標準として法人税、住民税及び事業税が課せられる。それら法人税等の課税所得の計算に当たっては、企業会計上の利益の額が基礎となるが、企業会計と課税所得の計算とはその目的を異にするため、収益又は費用（益金又は損金）の認識時点や、資産又は負債の額に相違が見られる。

　税効果会計は、企業会計上の収益又は費用と課税所得計算上の益金又は損金の認識時点の相違等により、企業会計上の資産又は負債の額と課税所得計算上の資産又は負債の額に相違がある場合において、法人税等の額を適切に期間配分することにより、法人税等を控除する前の当期純利益と法人税等を合理的に対応させることを目的とする手続のことである。

　税効果会計を適用しない場合には、課税所得を基礎とした法人税等の額が費用として計上され、法人税等を控除する前の企業会計上の利益と課税所得とに差異があるときは、法人税等の金額が税引前利益と期間的に対応せず、また、将来の法人税等の支払額に対する影響が表示されない（税効果会計基準前文二1）。

> 設例1　20X1年度の税引前利益が1,000万円、法人税等の率が40％、貸倒引当金繰入限度超過額が200万円の場合、税金の計算は次のようになる。

税引前利益	1,000万円
加算：償却超過額	200万円
課税所得	1,200万円
税率	40％
法人税等	480万円

仕訳　（借方）　　　　　　　　　　　　　　　　　　　　（貸方）
　　　　法人税等　　　　480　／　未払法人税等　　　　480

この仕訳の結果、未払法人税等は貸借対照表の負債に計上されるが、損益計算書では税引前利益以下に次のように表示される。

	P/L		負担率
税引前利益		1,000万円	100%
法人税等		480万円	48%
当期純利益		520万円	52%

税効果会計を適用すると、繰延税金資産及び繰延税金負債が貸借対照表に計上されるとともに、当期の法人税等として納付すべき額及び税効果会計の適用による法人税等の調整額が損益計算書に計上される。

> **設例2** 先の例1に税効果会計を適用すると、法人税等の期間配分する金額は繰入限度超過額 200 × 40% = 80

(借方) (貸方)
繰延税金資産　　　　　　　　　80　　／　　法人税等調整額　　　　　　80

この仕訳の結果、繰延税金資産は貸借対照表の資産に計上されるが、損益計算書では税引前利益以下に次のように表示され、負担率は法定実効税率を示す結果となる。

	P/L			負担率
税引前利益			1,000万円	100%
法人税等		480万円		
法人税等調整額	−	80万円	400万円	40%
当期純利益			600万円	60%

このうち、繰延税金資産は、将来の法人税等の支払額を減額する効果を有し、一般的には法人税等の前払額に相当するため、資産としての性格を有するものと考えられる。また、繰延税金負債は、将来の法人税等の支払額を増

額する効果を有し、法人税等の未払額に相当するため、負債としての性格を有するものと考えられる。このように、税効果会計を適用することにより、貸借対照表の繰延税金資産や繰延税金負債を分析することにより、企業の法人税等の前払額や将来の納税義務額を知ることができる。

> **Advance** 税効果会計
>
> 　税効果会計は、日本では昭和50年連結財務諸表と共に紹介されたものの適用は任意であった。平成9年連結財務諸表制度が全面改正され、連結財務諸表で税効果会計は強制適用となったが、会計基準と商法の計算規定との調整が終わった平成10年に個別財務諸表にも適用となり、現在に至っている。
> 　税効果会計の適用で、バブル崩壊後の不良債権処理で苦しむ多くの金融機関が救われた。

2　税効果会計の手続

　税効果会計は「資産負債法」により次のように行う。

(1)　「一時差異」（貸借対照表上の資産及び負債の金額と課税所得計算上の資産及び負債の金額との差額）に係る税金の額を、適切な会計期間に配分し計上する。また、将来の課税所得と相殺可能な繰越欠損金等については、一時差異と同様に取り扱う。企業会計上の利益と課税所得との差異には一時差異のほか「永久差異」もあるが、永久差異に係る税効果は発生時の税額を増減させるだけで将来の税金に影響を与えない。

永久差異	交際費、国内法人からの受取配当金益金不算入の金額、など

(2)　一時差異には、当該一時差異が解消するときに税務申告上その期の課税所得を減額させる効果を持つ「将来減算一時差異」と、当該一時差異が解消するときに税務申告上その期の課税所得を増額させる効果をもつ「将来加算一時差異」とがある（税効果会計基準第二　一3）。

将来減算一時差異	各種引当金の損金算入限度超過額、減価償却費の損金算入限度超過額、損金に算入されない棚卸資産等の評価損等（税効果会計基準注解2）
将来加算一時差異	利益処分による租税特別措置法上の準備金等、その他有価証券の値上がりによるその他有価証券評価差額（税効果会計基準注解3）

　　将来減算一時差異に係る繰延税金資産及び将来加算一時差異に係る繰延税金負債の金額は、回収又は支払いが行われると見込まれる期の税率に基づいて計算する（税効果会計基準第二　二2）。

(3)　法人税等について税率の変更があった場合には、過年度に計上された繰延税金資産及び繰延税金負債を新たな税率に基づき再計算する（税効果会計基準注解6）。また、繰延税金資産については、将来の支払税金を減額する効果があるかどうか、将来の回収可能性について毎期見直ししなければならない（税効果会計基準第二　二1）。税務上の繰越欠損金については、繰越期間内に課税所得が発生する可能性が低く、繰越欠損金を控除することができると認められない場合には相当額を減額する。

(4)　繰延税金資産と繰延税金負債の差額を期首と期末で比較した増減額は、当期に納付すべき法人税等の調整額として損益計算書に計上される。ただし、資産の評価替えにより生じた評価差額が直接純資産に計上される場合には、繰延税金資産・負債の期首・期末増減差額は、当該評価差額から控除される（税効果会計基準第二　二3）。

> **設例3**　その他有価証券に分類された株式を期首に取得した原価が100百万円、期末時価が150百万円に値上がりした。期末に時価評価して「その他有価証券評価差額」を純資産に計上する場合、税効果を考慮すると次の仕訳になる。

仕訳 （借方） 　　　　　　　　　　　　　　　　　　　　　　　（貸方）

　　　投資有価証券　　　　50　　／　繰延税金負債　　　　20
　　　　　　　　　　　　　　　　　　その他有価証
　　　　　　　　　　　　　　　　　　券評価差額金　　　　30

Advance ▶ 繰延法 vs 資産負債法

　税効果会計の方法には「繰延法」と「資産負債法」とがある。「繰延法」は、会計上の収益又は費用の金額と税務上の益金又は損金の額に相違がある場合、その相違項目のうち損益の期間帰属の相違に基づく期間差異（timing difference）について、発生した年度の税率で計算した税額相当額を費用収益対応の原則に基づき貸借対照表に繰延税金として繰延べる方法である。損益計算書が重視されるため、税率が変更されても過去に計上した繰延税金は見直さない。

　これに対し、「資産負債法」は貸借対照表を重視し、会計上の資産・負債の金額と税務上の資産・負債の金額との一時的な差額（temporary difference）に対して、差額が解消する時の税率を乗じて繰延税金資産・繰延税金負債を確定し、その期首・期末の増減額を法人税等調整額として損益計算書に計上する方法である。

　米国では古くから繰延法による税効果会計 "Accounting for Income Taxes"（APB Opinion No.11）が適用されていた。そこでは税率が変更されても繰延税金を見直すことはない。当時の米国企業は減価償却の計算に会計上は定額法、税務上は250％定率法などが採用したため将来課税となる期間差異が多く発生し、負債に計上された繰延税金の金額が重要であった。このため、企業買収の際には、繰延税金負債から生じる将来のキャッシュ・フローが見積れず、貸借対照表があまり役に立たなかった経験が筆者にある。現在の米国基準は1992年に改正され資産負債法による税効果会計（SFAS109）になっている。また国際会計基準も資産負債法を採用している（IAS12）。

第9節　損益計算書の表示様式

損益計算書の表示様式には、貸借対照表と同じく、次の「勘定式」と「報告式」がある。

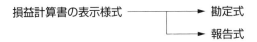

勘定式は、総勘定元帳の勘定口座の形式を損益計算書に利用したもので、貸方に「収益」を借方に「費用」と「当期純利益」（当期純損失の場合は貸方）を記載したものである。

（勘定式）　　　　　　　損益計算書

費用	収益
当期純利益	

報告式は、収益、費用、当期純利益の順に記載する表示形式である。損益計算書は、損益の発生源泉別にも「営業損益計算」「経常損益計算」そして「純損益計算」にそれぞれ区分する。

営業損益計算は、営業活動における損益を表し、売上高から売上原価を控除して、売上総利益を示す。売上総利益から、それを獲得するための営業活動の費用、すなわち、販売費及び一般管理費を控除して、営業利益（損失）を示す。この営業利益（損失）に、財務活動による損益である営業外損益を加算・減算し、経常利益（損失）を示す。更に、特別損益等を加算・減算して税引前当期純利益（損失）を表示する。

事例：京阪神ビルディング（株）

損 益 計 算 書

(平成25年4月1日から)
(平成26年3月31日まで)

（単位：千円）

科　目	金　額	
売　上　高		13,579,044
売　上　原　価		8,387,996
売　上　総　利　益		5,191,048
販売費及び一般管理費		889,240
営　業　利　益		4,301,807
営　業　外　収　益		
受　取　利　息　及　び　配　当　金	254,936	
そ　の　他　の　営　業　外　収　益	28,113	283,050
営　業　外　費　用		
支　払　利　息	616,797	
社　債　利　息	226,235	
株　式　交　付　費	30,686	
そ　の　他　の　営　業　外　費　用	69,188	942,907
経　常　利　益		3,641,950
特　別　利　益		
固　定　資　産　売　却　益	169,625	
投　資　有　価　証　券　売　却　益	13,118	
受　取　補　償　金	2,500	185,243
特　別　損　失		
固　定　資　産　売　却　損	128	
固　定　資　産　除　却　損	7,307	
減　損　損　失	32,356	
不　動　産　取　得　税　等	7	39,799
税　引　前　当　期　純　利　益		3,787,394
法　人　税、住　民　税　及　び　事　業　税	909,201	
法　人　税　等　調　整　額	504,575	1,413,377
当　期　純　利　益		2,373,617

なお、企業会計原則（P/L原則一）・財務諸表等規則69条2項では、損益計算書について報告式を採用している。

　また、会社計算規則87条以下では、損益計算書等の区分及びその内容について、定めている。

条　文	内　　容
87	通則
88	損益計算書等の区分
89	売上総損益金額
90	営業損益金額
91	経常損益金額
92	税引前当期純損益金額
93	税等
94	当期純損益金額

第5章　損益計算書

[問題]

1　AからXまでの空欄に数字を埋めなさい。なお、下記の1〜6は、連続した事業年度ではない。

（単位：百万円）

	期首			期末			総収益	総費用	純利益又は純損失
	資産	負債	資本	資産	負債	資本			
1	A	280	B	920	280	C	D	270	130
2	310	190	E	330	F	100	490	G	H
3	530	I	180	J	400	260	K	610	L
4	M	400	400	N	300	O	990	980	P
5	890	Q	800	950	R	S	500	T	△100
6	U	100	V	W	150	400	X	550	△50

2　現金主義会計で損益計算に合理性を欠く事例を考えなさい。

3　繰延税金資産を多く計上している企業では、法人税率の引下げという税法改正で当期純利益が減少する。
　　どうしてそうなるのか理由を答えなさい。

第6章

キャッシュ・フロー計算書

第1節　キャッシュ・フロー計算書

　キャッシュ・フロー計算書（Cash Flows Statement, C/F）は企業会計について報告する財務諸表の1つで、1会計期間におけるキャッシュ（現金及び現金同等物）の増減、つまり収入と支出（キャッシュ・フローの状況）を「営業」・「投資」・「財務」の各活動を3つに区分して表示する。

キャッシュ・フロー計算書
自 平成　年　月　日
至 平成　年　月　日

営業活動によるキャッシュ・フロー	＊＊＊＊
投資活動によるキャッシュ・フロー	＊＊＊＊
財務活動によるキャッシュ・フロー	＊＊＊＊
現金及び現金同等物増加（減少）高	＊＊＊＊
現金及び現金同等物、期首残高	＊＊＊＊
現金及び現金同等物、期末残高	＊＊＊＊

　キャッシュ・フロー計算書の作成目的は、損益計算書とは別の観点から企業のキャッシュ・フローの状況を報告し（連結キャッシュ・フロー計算書作成基準第一）、企業の現金創出能力と支払能力を査定するのに役立つ情報を提供することと、利益の質を評価するのに役立つ情報を提供することにある。

> Advance▶
>
> 　キャッシュ・フロー計算書は、金融商品取引法の適用により有価証券報告書を提出する企業で1999年4月1日以後開始する連結会計年度の連結財務諸表の一つとして導入された（連結財務諸表を作成しない会社については個別キャッシュ・フロー計算書を作成する）。それまでは、有価証券報告書の経理の状況において、資金情報として「資金収支表」を開示していたが、作成基準がなく財務諸表ではないため会計監査の対象から外れていた。これに代えて、「キャッシュ・フロー計算書」が財務諸表の一つとして導入された（連結

キャッシュ・フロー計算書作成基準前文)。「連結キャッシュ・フロー計算書の作成基準」は個別キャッシュ・フロー計算書を作成する場合に準用される。なお、会社法では、キャッシュ・フロー計算書を作成する義務はない。

キャッシュ・フロー計算書が財務諸表に導入された理由として、次のものが挙げられる。

1. 発生主義会計においては、見積や判断が介入し、同一の会計事象に対して複数の会計数値が算定される結果、絶対的な利益の額はない。この点、現金の流れや残高は絶対的であること。
2. 利益が生じても、資金不足になれば黒字倒産をする可能性があること。

キャッシュ・フロー情報は、見積の要素が含まれた貸借対照表や損益計算書よりも、キャッシュという実物の流れを示す客観的情報であり、透明性が高いものである。

第2節　キャッシュ・フロー計算書の作成方法

　キャッシュ・フロー計算書が対象とする資金の範囲は、現金及び現金同等物である（連結キャッシュ・フロー計算書等の作成基準（以下「同作成基準」という。）第二　一）。

現金	手許現金及び要求払預金（当座預金、普通預金、通知預金）をさす。
現金同等物	容易に換金可能であり、かつ価値の変動について僅少なリスクしか負わない短期投資をいう。 例えば、取得日から満期日又は償還日までの期間が3か月以内の定期預金、譲渡性預金、コマーシャル・ペーパー、売戻し条件付現先、公社債投資信託が挙げられる。

1　表示区分

　キャッシュ・フロー計算書には、次の3つの区分を設ける（同作成基準第二　二）。

> (1)　営業活動によるキャッシュ・フロー
> (2)　投資活動によるキャッシュ・フロー
> (3)　財務活動によるキャッシュ・フロー

(1)　営業活動によるキャッシュ・フロー

　営業損益計算の対象となった取引のほか、投資活動及び財務活動以外の取引によるキャッシュ・フローを記載する。本業による資金獲得能力が分かる。この区分には、例えば、次のようなものが記載される（同作成基準注解3）。

> ・商品及び役務の販売による収入
> ・商品及び役務の購入による支出
> ・従業員及び役員の対する報酬の支出
> ・災害による保険金収入
> ・損害賠償金の支払

　法人税等（住民税及び利益に関連する金額を課税標準とする事業税を含む）に係るキャッシュ・フローは、この区分に「法人税等の支払額」として記載する。

(2) 投資活動によるキャッシュ・フロー

　固定資産の取得及び売却、現金同等物に含まれない短期投資の取得及び売却等によるキャッシュ・フローを記載する。企業が投資活動によってどの程度の資金を支出し又は回収したかを示す情報である。この区分には、例えば、次のようなものが挙げられる（同作成基準注解4）。

> ・有形固定資産及び無形固定資産の取得による支出
> ・有形固定資産及び無形固定資産の売却による収入
> ・有価証券（現金同等物を除く）及び投資有価証券の取得による支出
> ・有価証券（現金同等物を除く）及び投資有価証券の売却による収入
> ・貸付による支出
> ・貸付金の回収による収入

(3) 財務活動によるキャッシュ・フロー

　この区分には資金の調達及び返済によるキャッシュ・フローを記載する。

この区分には、例えば、次のようなものが挙げられる（同作成基準注解5）。

```
・株式の発行による収入
・自己株式の取得による支出
・配当金の支払い
・社債の発行及び借入れによる収入
・社債の償還及び借入金の返済による支出
```

利息及び配当金に係るキャッシュ・フローは次のいずれかの方法により継続適用を条件として記載する（同作成基準第二二3）。

(ア)　受取利息・受取配当金及び支払利息は「営業活動」に区分し、支払配当金は「財務活動」に区分して記載する。これは経常損益に反映されているものは営業活動、反映されていない配当金の支払は財務活動であるという考え方である。

(イ)　受取利息・受取配当金は「投資活動」に区分し、支払利息及び支払配当金は「財務活動」に区分して記載する。利息と配当金の受取額は投資活動の成果、利息と配当金の支払額は財務活動上のコストという見方である。

2　表示方法
(1)　「営業活動によるキャッシュ・フロー」の表示方法

次のいずれかの方法による（同作成基準第三）。

直接法	営業収入、商品仕入の支出など主要な取引ごとにキャッシュ・フローの総額を表示する方法
間接法	税引前当期純利益に非資金損益項目、営業活動による資産、負債の増減、「投資活動によるキャッシュ・フロー」及び「財務活動によるキャッシュ・フロー」の区分に含まれる損益項目を加減して表示する方法。 　ここで非資金損益項目とは、税引前当期純利益の計算には反映されるが、キャッシュ・フローを伴わない損益項目である。例えば、減価償却費の計上、貸倒引当金の増加等がある。

　間接法は、税引前当期純利益と営業活動によるキャッシュ・フローの関係が明らかになることや、直接法に比べて実務上手数を要しないことから多くの企業で採用されている。

　また、営業資産・負債の増減と営業キャッシュ・フローの関係は次のようになる。

売掛金の減少	現金回収	営業キャッシュ・フロー加算
売掛金の増加	現金減少	営業キャッシュ・フロー減算
買掛金の減少	現金支出	営業キャッシュ・フロー減算
買掛金の増加	現金増加	営業キャッシュ・フロー加算

(2)　「投資活動によるキャッシュ・フロー」及び「財務活動によるキャッシュ・フロー」の表示方法

　主要な取引ごとにキャッシュ・フローを総額で表示する。例えば、有形固定資産売却損益、投資有価証券売却損益等はそれぞれ「有形固定資産売却による収入」、「投資有価証券売却収入」を記載する。ただし、期間が短くかつ回転の速い項目（短期借入金の借入、返済）に係るキャッシュ・フローについては、純額で表示することができる（同作成基準第三　二注解8）。

3 キャッシュ・フロー計算書の作成

> 設例　下記の資料から A 社キャッシュ・フロー計算書を作成する。
> （単位：百万円）

期首貸借対照表
（X1年4月1日）

現金	100	買掛金	200
商品	300	借入金	100
建物	500	社債	200
		資本金	400
	900		900

期中の取引
1. 売掛金で1,000の売上をする。
2. 買掛金で商品500の仕入をする。
3. 200の借入金をする。
4. 社債100を償還する。
5. 増資を200する。
6. 売掛金300を回収する。
7. 買掛金400を支払う。
8. 工場の敷地として土地100を現金で取得する。
9. 建物の減価償却費100を計上する。
10. 期末商品は200であった。

以上の結果、当期の損益計算書、当期末の貸借対照表は次のとおり。

損益計算書
自 X1年4月1日
至 X2年3月31日

売上原価	600	売上	1,000
減価償却費	100		
当期純利益	300		
	1,000		1,000

期末貸借対照表
(X2年3月31日)

現金	200	買掛金	300
売掛金	700	借入金	300
商品	200	社債	100
建物	400	資本金	600
土地	100	剰余金	300
	1,600		1,600

なお、売上原価は、次のようにして計算される。

期首商品 300 ＋ 当期仕入高 500 － 期末商品 200 ＝ 600

間接法によるキャッシュ・フロー計算書
自 X1年4月1日
至 X2年3月31日 (百万円)

Ⅰ 営業活動によるキャッシュ・フロー		
当期純利益	300	
減価償却費	100	
売掛金の増加	－700	
棚卸資産の減少	100	
買掛金の増加	100	
営業活動によるキャッシュ・フロー		－100
Ⅱ 投資活動によるキャッシュ・フロー		
土地の取得	－100	
投資活動によるキャッシュ・フロー		－100
Ⅲ 財務活動によるキャッシュ・フロー		
借入金による収入	200	
社債の償還による支出	－100	
増資による収入	200	
財務活動によるキャッシュ・フロー		300
Ⅳ 現金及び現金同等物の増加		100
Ⅴ 現金及び現金同等物期首残高		100
Ⅵ 現金及び現金同等物期末残高		200

直接法によるキャッシュ・フロー計算書

自 X1年4月1日
至 X2年3月31日　　　　　　　　　　　　（百万円）

Ⅰ　営業活動によるキャッシュ・フロー		
営業収入	300	
商品仕入による支出	−400	
営業活動によるキャッシュ・フロー		−100
Ⅱ　投資活動によるキャッシュ・フロー		
土地の取得による支出	−100	
投資活動によるキャッシュ・フロー		−100
Ⅲ　財務活動によるキャッシュ・フロー		
借入金による収入	200	
社債の償還による支出	−100	
増資による収入	200	
財務活動によるキャッシュ・フロー		300
Ⅳ　現金及び現金同等物の増加		100
Ⅴ　現金及び現金同等物期首残高		100
Ⅵ　現金及び現金同等物期末残高		200

> **Comment**　A社キャッシュ・フロー計算書へのコメント
>
> 　当期は売上総利益400（売上1,000−売上原価600）を計上し、最終的に当期純利益300を計上したものの、売掛金の回収が進んでおらず、営業キャッシュ・フローでは100の減少となっている。無理な販売による代金回収の遅れか、押込み販売の可能性がある。また工場建設用地として100の土地を取得したが今後の工事予定と資金計画を検討しないと、黒字倒産や過大投資のリスクが生じる。

[問題]

1　キャッシュ・フロー計算書が導入された理由を述べなさい。また、会社法計算書類では必要とされないのはどうしてか考えなさい。

2　営業活動キャッシュ・フロー、投資活動キャッシュ・フロー及び財務活動キャッシュ・フローがそれぞれプラス、マイナスの場合、会社はどのような状況か考えなさい。

区　分	＋／－	状　況
営業活動による キャッシュ・フロー	プラス	
	マイナス	
投資活動による キャッシュ・フロー	プラス	
	マイナス	
財務活動による キャッシュ・フロー	プラス	
	マイナス	

3　次のようなキャッシュ・フロー計算書の会社の場合、あなたは会社をどう評価しますか。

　(ア)　営業キャッシュ・フローがプラス、投資キャッシュ・フロー及び財務キャッシュ・フローがマイナスのA会社

　(イ)　営業キャッシュ・フローがマイナス、投資及び財務活動キャッシュ・フローがプラスのB社

　(ウ)　営業及び投資活動キャッシュ・フローがマイナス、財務活動キャッシュ・フローのみがプラスのC社

第 7 章

管理会計と原価計算

第1節　管理会計の基本構造

　管理会計は、経営管理（企業のマネージメント活動を計画・統制する行為）に役立つ会計情報を経営者に提供し、企業のマネージメントの効果的・効率的遂行を支援するシステムである。管理会計は、過去の財務データやその他の非会計データをベースとして、企業の長期・中期・短期の経営活動を財務的に計画し、それを管理者に提供することによって、統制活動を効果的・能率的に行えるようにサポートするものである。

　管理会計の基本的な内容は、次のものがある。

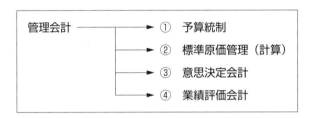

① 予算統制　→　製造原価、製品原価等を予測し、予算を編成し、年度末に予算値と実績値とを比較し、差異とその原因を測定し、部門・個人の業績評価（責任の所在）を行う。なお、予算統制は、製造業に限定されず、販売業やサービス業においても行われる。

② 標準原価管理（計算）　→　製品を構成する生産要素、原価の発生場所、完成品の原価を事前に決定し、それに基づく活動結果を測定・評価する行為である。もっとも、標準原価管理は、事業会社全般にいえることである。

③ 意思決定会計　→　企業の当初の目的を実現するために複数の代替案を検討し、それらがもたらす獲得利益やそれらを採用しない場合に失う利益（機会原価）を計算測定し、代替案の獲得利益から機会原価を控除し、最大の利益を保証する最適案を代替案から選択する行為である。

④ 業績評価会計　→　ある一定期間にわたる経営・生産活動を効果的・効率的に統制するための財務指標を決定し、個人又は組織単位の業績を主体的あるいは客観的にその指標を基準に測定・評価する行為である。

このように、管理会計は意思決定のための会計（計画会計）と業績を評価するための会計（統制会計）を内容としている。

計画会計は、期間計画とよばれる定型的意思決定と投資計画などの非定型的意思決定に分かれる。定型的意思決定には利益計画及び資金計画が含まれる。

統制会計は、マネジメント・コントロールとオペレーショナル・コントロールがある。

Robert N・Anthony によれば、「マネジメント・コントロールとは、マネジャーが組織の目的達成のために資源を効果的かつ能率的に取得し、使用することを確保するプロセス」といい、「オペレーショナル・コントロールとは、特定の課業が効果的かつ能率的に遂行されることを確保するプロセス」という。

以上のように、特に製造業においては、原価計算及び原価管理が重要視され、また、財務会計システムにおいても製造業における売上原価（製品製造原価）の計算に必要な棚卸資産（仕掛品等）の原価の把握に原価計算が求められることから、次節以下は原価計算制度について説明する。

第2節　原価計算の意義

　原価計算（cost accounting）は、製品やサービスの原価（cost）を計算すること、または、その方法である。簿記と同様に、企業会計の基礎をなしている。昭和37年11月に、大蔵省企業会計審議会より公表された「原価計算基準」は、設定時における我が国の原価計算の慣行の中から、一般に公正妥当と認められるものを要約して設定したもので、日本での原価計算の実践規範になっている。

　原価計算の目的としては、次のものがある。

> ① 財務諸表の作成に必要な真実の原価を集計すること
> ② 製品の価格計算に必要な原価資料を提供すること
> ③ 原価管理に必要な原価資料を提供すること
> ④ 予算管理のために必要な原価資料を提供すること
> ⑤ 経営の基本計画を設定するに当たり、これに必要な原価情報を提供すること

　原価管理の現代的意義は、あらかじめ原価の標準を指示し、原価発生の責任の所在を明らかにすることによって原価意識を高め、作業能率を増進し、もって原価を下げることである。

第3節　原価要素の分類

　原価要素は、その自然的発生形態に応じて、「材料費」「労務費」そして「経費」に分類される。これは、すべての原価計算制度に共通の原価要素の分類である。

1　材料費

　材料費とは、製造目的にかかわる物品の消費によって生ずる原価要素であって、原料費、素材費、買入部品費、燃料費、工場消耗品費、消耗工具器具備品費等に分けることができる。

2　労務費

　労務費とは、労働力の消費によって生ずる原価の要素で、賃金、給料、雑給、従業員賞与引当、退職給付費用、福利費等に分けられる。

3　経費

　経費とは、材料費、労務費以外の原価要素であって、支払経費、測定経費（電力料・ガス代・水道料）、月割経費（減価償却費・賃借料・保険料）、発生経費（棚卸減耗費）に分けられる。

※　製造直接費と製造間接費

　原価要素の第二分類として、「製造直接費」と「製造間接費」がある。これは、原価の発生が一定単位の製品の製造に直接関連して把握できるかどうかによって区分され、直接認識できる製造費用を「製造直接費」といい、そうでないものを「製造間接費」という。

☐ 製品原価の構成

			販売費及び一般管理費	総原価
	間接材料費	製造間接費	製造原価	
	間接労務費			
	間接経費			
直接材料費	製造直接費			
直接労務費				
直接経費				

☐ 非原価項目

原価に含めない費用としては、次のものがある。

① 未稼働の固定資産の減価償却費
② 支払利息、割引料などの財務費用
③ 火災、風水害などの異常な状態を原因とする損失

☐ 変動費・固定費・準変動費・準固定費

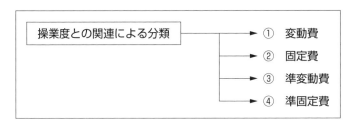

第7章　管理会計と原価計算

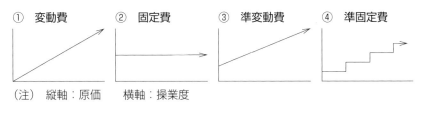

（注）　縦軸：原価　　横軸：操業度

☐ 管理可能費・管理不能費

☐ 特殊原価（差額原価・機会原価・埋没原価）

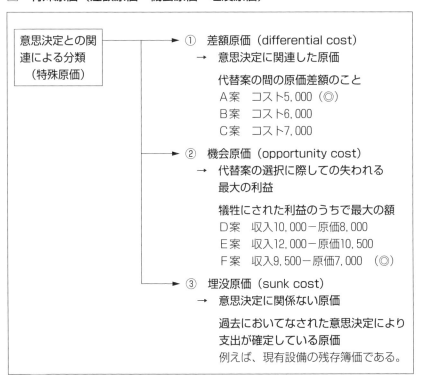

第4節　原価計算の手続

原価計算では、原価の算定を正確にし、また、原価管理に役に立つ目的で、原価の計算は、次の3つの計算段階を経て行われる。

① 費目別計算　→　各原価を原価要素の形態別分類に従って、材料費、労務費、経費のそれぞれの消費高を区分・集計する計算である。原価要素は、更に、次のように、製造直接費、製造間接費に区分・集計される。

> 製造直接費　→　直接材料費・直接労務費・直接経費
> 製造間接費　→　間接材料費・間接労務費・間接経費

② 部門別計算　→　費目別計算によって把握された各原価要素の消費高を部門別に計算する。

> 製造部門と補助部門

③ 製品別計算　→　製品別に集計して、製品1単位当たりの原価を計算する。製品別計算の手続は、企業の生産形態によって異なる。具体的にいえば、個別受注生産か、見込生産かによって異なる。見込生産の適用されるものは「総合原価計算」、個別受注生産の適用されるものは「個別原価計算」と呼ばれる。

第5節　原価計算の方法

1　個別原価計算

個別原価計算は、造船業や建設業のような個別受注生産の企業に適用される原価計算である。すなわち、種類の異なる製品を個別的に受注生産するときに適用される原価計算である。その製品の製造を指示するため「製造指図書」が発行される。製造指図書の番号を指標として、製品当たりの原価を個別に区分・集計する。また、これは価格設定の資料としても必要となる。個々の製品について原価が区分・集計されるということから、個別原価計算といわれている。

個別原価計算には、製造間接費について部門別計算を行わない「単純個別原価計算」と、部門別計算を行う「部門別個別原価計算」とがある。

```
                    個別原価計算表
    着手日　_____　　　　　　　　製造指図書No._____
    完成日　_____　　　　　　　　製品名　_____
                                    規格　_____

                      （記載内容）
       Ⅰ   直接材料費    日付・伝票番号・品名・数量・単価・金額
       Ⅱ   直接労務費    日付・伝票番号・職種・時間・賃率・金額
       Ⅲ   直接経費      日付・伝票番号・費目・金額
       Ⅳ   製造間接費    日付・配賦表番号・配賦基準・配賦率・金額
       Ⅴ   製造原価      日付・金額（Ⅰ～Ⅳの合計額）
```

2 総合原価計算

　見込生産企業に適用される原価計算が総合原価計算である。見込生産の場合、製品市場における不特定の顧客を対象として、同一製品を反復して連続的に生産しているので、個々の製品単位について原価を計算して製品原価を算定することはなく、原価計算期間の製品別の製造費用を総合的にとらえ、これを同期間の生産量で割ることによって製品原価を計算する方法である。すなわち、同じ規模の製品を、連続して大量生産するときに採用する。

　総合原価計算の種類は、次のとおりである。

①　単純総合原価計算　　→　製品が一種類のとき

単純総合原価計算表	
平成＊＊年＊月	
費　用	金　額
当月製造費用　　　直接材料費　　　加工費　　　　間接材料費　　　　労務費　　　　経費　　　　　計	
月初仕掛品原価	
合　計	
月末仕掛品原価 完成品原価 完成品数量 単位原価	

②　工程別総合原価計算　→　部門別計算を伴うもの
③　等級別総合原価計算　→　等級別に分類
④　組別総合原価計算　　→　製品の規格、品位ごと組で分類
　　　　　　　　　　　　　　多種製品を見込生産している企業に適用

総合原価計算における月末仕掛品の評価法には、「平均法」「先入先出法」そして「後入先出法」がある。

月末仕掛品原価の計算の算式は、次のとおりである。

① 平均法

　イ　月末仕掛品原料費

$$（月初仕掛品原料費 ＋ 当月原料費）× \frac{月末仕掛品数量}{完成品数量 ＋ 月末仕掛品数量}$$

　ロ　月末仕掛品加工費

$$（月初仕掛品加工費 ＋ 当月加工費）× \frac{月末仕掛品完成品換算量}{完成品数量 ＋ 月末仕掛品完成品換算量}$$

② 先入先出法

　イ　月末仕掛品原料費

$$当月原料費 × \frac{月末仕掛品数量}{完成品数量 － 月初仕掛品数量 ＋ 月末仕掛品数量}$$

　ロ　月末仕掛品加工費

$$当月加工費 × \frac{月末仕掛品完成品換算量}{完成数量 － 月初仕掛品完成品換算量 ＋ 月末仕掛品完成品換算量}$$

③ 後入先出法

（ケース１：月初仕掛品数量(完成品換算量) ＝ 月末仕掛品数量(完成品換算量)）

　　　　月末仕掛品原価 ＝ 月初仕掛品原価

（ケース２：月初仕掛品数量(完成品換算量) ＞ 月末仕掛品数量(完成品換算量)）

　イ　月末仕掛品原料費

$$月初仕掛品原料費 × \frac{月末仕掛品数量}{月初仕掛品数量}$$

ロ　月初仕掛品加工費

$$\text{月初仕掛品加工費} \times \frac{\text{月末仕掛品完成品換算量}}{\text{月初仕掛品完成品換算量}}$$

（ケース３：月初仕掛品数量(完成品換算量) ＜ 月末仕掛品数量(完成品換算量)）
　　イ　月末仕掛品原料費

$$\text{月初仕掛品材料費} + \text{当月原料費} \times \frac{\text{月末仕掛品数量} - \text{月初仕掛品数量}}{\text{完成品数量} + \text{月末仕掛品数量} - \text{月初仕掛品数量}}$$

　　ロ　月末仕掛品加工費

$$\text{月初仕掛品加工費} + \text{当月加工費} \times \frac{\text{月末仕掛品完成品換算量} - \text{月初仕掛品完成品換算量}}{\text{完成品数量} + \text{月末仕掛品完成品換算量} + \text{月初仕掛品完成品換算量}}$$

3　標準原価計算

　標準原価計算とは、標準原価によって製品原価を計算する方法で、標準原価と実際原価を比較分析して、原価管理を効果的に行うことを目的としている。

　標準原価計算は、原価計算の手法の一つで、原価計算基準では、「製品の標準原価を計算し、これを財務会計の主要帳簿に組み入れ、製品原価の計算と財務会計とが、標準原価をもって有機的に結合する原価計算制度である」と説明されている。

　標準原価とは、「財貨の消費量を科学的、統計的調査に基づいて能率の尺度となるように予定し、かつ、予定価格又は正常価格をもって計算した原価」（原価計算基準）である。標準原価は達成すべき原価の目標値としての意味を持っており、標準原価を財務会計の主要帳簿に組み入れる場合には、必要な段階で実際原価を計算し両者の差異を分析することになる。

原価差異分析

① 直接材料費差異

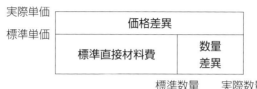

・価格差異 ＝（実際単価 － 標準単価）× 実際数量
・数量差異 ＝（実際数量 － 標準数量）× 標準単価

② 直接労務費差異

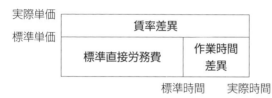

・賃率差違 ＝（実際単価 － 標準単価）× 実際時間
・作業時間差違 ＝（実際時間 － 標準時間）× 標準単価

③ 製造間接費差異

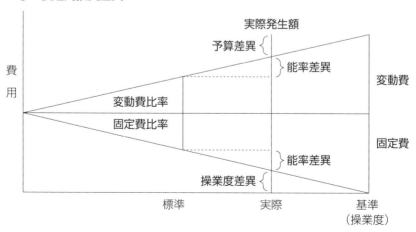

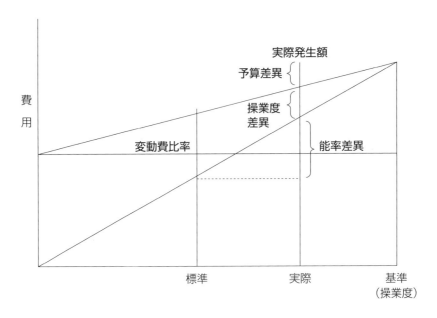

- 操業度差異 ＝「(実際操業度 － 基準操業度) × 固定費率」
- 予算差異 ＝「(変動費率 × 実際操業度 ＋ 固定費) － 実際発生額」
- 能率差異 ＝ (標準操業度 － 実際操業度) × 標準配賦率

- 操業度差異は当該部門の実際操業度が基準操業度と異なることによって生ずる差異を表す。実際直接作業時間数と基準操業度での標準直接作業時間数の差異に標準配賦率を乗じて算定される。
- 予算差異は当該部門の製造間接費の実際発生額と固定予算で示されている予算額との差異を表す。
- 能率差異は製造活動の能率あるいは不能率で生ずる製造間接費の差異であり、当該部門の実際生産量の製造に要した実際投入量と実際生産量に要すべき許容標準投入量との差異に標準配賦率を乗じて算定される。

第6節　直接原価計算とCVP分析

1　直接原価計算

　直接原価計算は、総原価を変動費と固定費に分けて、変動製造原価だけを製品原価とし、固定費は期間原価として処理する方法である。利益追求を目的とする企業は、一般に、多くの製品を販売して利益の獲得を追及するが、市場ごとに相場の販売価格が存在し、高価格の製品が高い利益を上げるとは限らない。そのため、経営者は製品の製造にかかる生産コストをできる限り抑え、製品を低価格で提供しなくてはならない。それらを行う上で、原価、生産量、利益関係の分析を会計記録に取り入れ、短期利益計画の役立つ資料を提供するための損益計算として、直接原価計算が使われている。

　直接原価計算は、変動製造原価のみを製品原価とすることから「部分原価計算」とも呼ばれることがある。

　また、直接原価計算では、販売費及び一般管理費についても、次のように直接費と固定費に分ける。

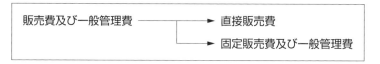

```
直接原価計算による損益計算書
 Ⅰ  売上高
 Ⅱ  変動売上原価
      変動製造マージン
 Ⅲ  変動販売費
      限界利益
 Ⅳ  固定費
      1  固定製造間接費
      2  固定販売費及び一般管理費
      営業利益
```

2 CVP分析 (cost-volume-profit Analysis)

　損益分岐点 (break-even point, BEP) は、管理会計上の概念の一つで、売上高と費用の額がちょうど等しくなる売上高又は販売数量を指す。前者を損益分岐点売上高といい、後者を損益分岐点販売数量という。売上高が損益分岐点以下に留まれば損失が生じ、それ以上になれば利益が生じる。このことから採算点とも呼ばれる。

```
損益分岐点    → 損失と利益が分岐する点がゼロになる点
損益分岐点分析 → 損益分岐点を算出する過程を通して、原価や費
                 用、売上高や操業度、利益の関係を分析するもの
```

第7章　管理会計と原価計算

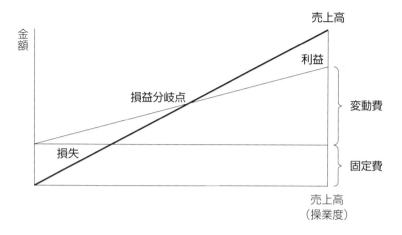

損益分岐点売上高 ＝ 固定費 ÷ 限界利益率
　　　　　　　　＝ 固定費 ÷ $\left\{1 - \left(\dfrac{変動費}{売上高}\right)\right\}$

**目標利益をあげる
ために必要な売上高** ＝（固定費 ＋ 目標利益）÷ 限界利益率

（注）　限界利益率は、「貢献利益率」とも呼ばれている。

　損益分岐点を下げて、企業の耐久力を増すには、いくつかの方策が考えられる。まず、限界利益率を上げること、言い換えれば変動費（変動費率）を下げることである。具体的には、材料費、物流費の削減などがこれに該当する。次に、固定費を削減することである。具体的には、正規の従業員を減らし、パートタイム・アルバイトなどのより弾力的な雇用への切替え、外注、アウトソーシングなどがこれに相当する。また、稼働率の極端に低い設備の除却もこれに当たる。一時的に除却損が発生するが、中長期的には損益分岐点を下げる効果がある。このように固定費の削減には、大胆な事業構造の見直し（リストラクチャー／Restructure）が必要となる。

[問題]

1 次の資料から平均法によつて下記の総合原価計算表を作成しなさい。

〔製品甲の生産データ〕

月初仕掛品	600個	(50%)
当月投入	7,400個	
合計	8,000個	
完成品	7,500個	
月末仕掛品	500個	(40%)
合計	8,000個	

なお、直接材料は工程の始点で投入される。また（　）内は、加工費の進捗度を示している。

総合原価計算表　　　　　（単位：円）

摘　要	直接材料費	加工費	合　計
月初仕掛品原価	40,000	20,000	
当月製造費用	520,000	904,000	
合　計			
月末仕掛品原価			
完成品総合原価			
完成品単位原価			

2 次の資料から (ア)損益分岐点の売上高 (イ)希望利益300,000円を得るための売上高 (ウ)貢献利益率は何%か、をそれぞれ計算しなさい。

〔資料〕

売上高　1,200,000円　　変動費　480,000円　　固定費　750,000円

ア	イ	ウ

$$貢献利益率 = 1 - \frac{変動費}{売上高}$$

3 乙製品の販売単価は4,000円で、この単位当たり変動費は1,400円、固定費が月額1,820,000円の場合、次の問いに答えなさい。
 (ア) 損益分岐点の売上高はいくらになりますか。
 (イ) 1,300,000円の利益を得るための売上高はいくらになりますか。
 (ウ) 1,000個販売したときの利益はいくらになりますか。
 (エ) 貢献利益率は、何％ですか。
 (オ) 単位当たりの変動費が10％上昇した場合、(イ)と同じ1,300,000円の利益を得るためには、販売数量は何個以上増やさなければならないのですか。

第8章

財務諸表分析

第1節　財務諸表分析の意義

　企業の公表する財務諸表は、様々な利害関係者（経営者、債権者、投資家、取引先など）に利用され、それらの者の意思決定に使用されている。また、その利用目的に適合するために、財務諸表の数値を分析・加工し、利害関係者に役立つ情報（成長性、安全性、収益性、活動性など）を作成する必要がある。これを「財務諸表分析」という。財務諸表分析では、財務諸表の中心的な位置を占める「貸借対照表」「損益計算書」そして「キャッシュ・フロー計算書」を中心に分析・加工し、企業の将来の予測等の情報を取得することになる。

```
貸借対照表
損益計算書           ｝ 分析・加工 → ｜企業の予測情報の取得｜
キャッシュ・フロー計算書
```

　このような財務諸表データに限らず、さまざまな経営情報を取り入れて分析・加工することも可能であり、そのような分析は経営分析とも呼ばれる。
　財務諸表分析は、経営分析の前提分析であり、基本分析である。

第2節　財務諸表分析の分類

　財務諸表分析は、企業外部の者が分析を行うものを「外部分析」といい、企業内部の者が行うものを「内部分析」という。

　外部分析としては、投資家が行う「投資分析」、金融機関が行う「信用分析」（貸借対照表をベースとした「安全性分析」が中心となる）そして税務当局が行う「税務分析」などがある。

　また、内部分析は、企業の管理者が将来の企業を予測するために必要な情報収集（損益計算書をベースとした「収益性分析」が中心となる）のために行われるものである。

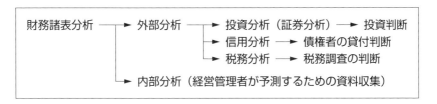

　財務諸表分析の方法として、「比率分析」と「実数分析」がある。比率分析は、外部分析に適用され、各指標の構成比率や相互比率等を通じて行う分析手法で、貸借対照表の構成比率分析、損益計算書の百分比率分析などをいう。これに対して、実数分析は、内部分析に適用され、各指標の数値を前年数値又は他社の数値等と比較する分析方法で、歴史的には古い分析方法である。

　また、財務諸表分析は、「収益性分析」（動態分析）と「安全性分析」（静

態分析）に分類される。収益性分析は、「損益計算書」を中心として分析され、安全性分析は、「貸借対照表」を中心として分析される。

```
財務諸表分析 ─┬─→ 収益性分析（P/L）─→ 動態分析
              └─→ 安全性分析（B/S）─→ 静態分析
```

Comment

　税法では、納税者が帳簿書類等を保存していないなどの場合、推計課税を行う。推計課税によって所得金額を求めるときに財務比率を利用することがある。これを比例法といい、差益率、所得率、経費率を使用して所得金額を把握するのである。例えば、当該納税者の業界の所得率が30％の場合、売上金額を何らかの方法で把握すれば、売上金額に所得率を乗じて、所得金額を導くことができる。

第3節　基礎的な分析

　基礎的分析として、「財務諸表の実数分析」と「財務諸表の百分比率による比率分析」があり、比率分析には、「貸借対照表の構成比率分析」と「損益計算書の百分比率分析」がある。

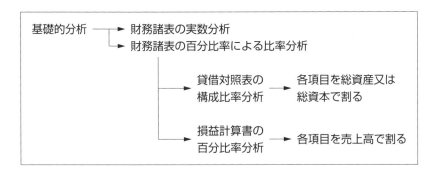

　貸借対照表の構成比率分析は、各項目を総資本又は総資産で割ることによって算出することになる。

貸借対照表の構成比率

項　目	比　率	
現預金	15%	総資産 (100%)
受取債権	20%	
有価証券	9 %	
棚卸資産	10%	
有形固定資産	30%	
無形固定資産	14%	
投資その他	2 %	

損益計算書の百分比率分析は、損益計算書の各項目を売上高で割ることによって、行われる。

百分比損益計算書

	項　目	比　率
Ⅰ	売上高	100.0%
Ⅱ	売上原価	60.2%
	売上総利益	39.8%
Ⅲ	販売費および一般管理費	30.1%
	営業利益	9.7%
Ⅳ	営業外収益	1.2%
Ⅴ	営業外費用	2.3%
	経常利益	8.6%
Ⅵ	特別利益	2.3%
Ⅶ	特別損益	1.4%
	税引前当期純利益	9.5%
	法人税等	3.2%
	当期純利益	6.3%

第4節 成長性・趨勢分析

　成長性・趨勢分析は、ある年度の貸借対照表・損益計算書の各項目を100とし、その後の各項目の金額の割合の変化を求め、比較する方法である。各期間（事業年度）の比較をし、その推移を検討する。例えば、自己資本の伸び率・当期純利益の伸び率等を次の算式により導く。

① **当期の自己資本÷基準年度の自己資本**

② **当期純利益÷基準年度の純利益**

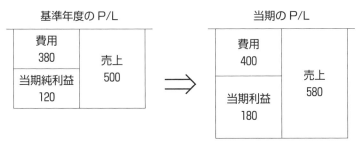

第5節　安全性分析

　安全性分析は、次節の収益性分析とならぶ財務諸表分析の中心であるが、銀行の融資等の判断に際して、使用される手法である。
　安全性分析は、企業の財政状態の分析（資金の調達・源泉と運用・使途のバランス）をし、短期的な支払能力を分析する「短期分析」と長期的な資本構成に関する「長期分析」に分類できる。

```
安全性分析 ─┬─→ 短期分析 ─→ 流動資産と流動負債の関係
            │                  Ex. 流動比率、当座比率等
            │
            └─→ 長期分析 ─→ 固定資産と固定負債・資本の関係
                              Ex. 固定比率、固定長期適合率、
                                  自己資本比率等
```

　短期の安全性分析は、短期的な源泉から調達される資金（流動負債）と、その資金の運用・使途としての短期的な資産（流動資産）とのバランスの健全性をチェックし、また、長期の安全性分析は、長期的な源泉から調達される資金（固定負債および資本）と、その資金の運用・使途としての長期的な資産（固定資産）との関係を分析し、そのバランスが健全か否かを判断する。

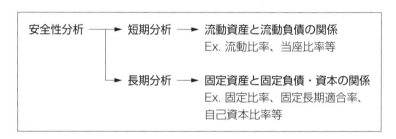

1　安全性分析の比率

安全性分析の比率としては、次のものがある。

① 流動比率 ＝（流動資産 ÷ 流動負債）× 100%
　　→　債務の短期的支払能力を示す指標
　　　　200%以上が好ましい（アメリカ）。
　　　　銀行家比率

② 当座比率 ＝（当座資産 ÷ 流動負債）× 100%
　　→　債務の短期的支払能力を判断（流動比率の補助比率）
　　　　100%以上が好ましい（アメリカ）。
　　　　酸性試験比率

　　　　当座資産　→　現金預金、受取手形、売掛金、有価証券

③ 固定比率 ＝（固定資産 ÷ 自己資本）× 100%
　　→　比率が低いほど好ましい。
　　　　100%以下が好ましい。

④ 固定長期適合率 ＝（固定資産 ÷（固定負債 ＋ 自己資本））× 100%
　　→　固定比率の補助比率
　　　　100%以上　→　問題あり
　　　　　　　　　　（短期的資金で賄われているから）

⑤ 自己資本比率 ＝（自己資本 ÷ 総資本）× 100%
　　→　自己資本比率が高い　→　財務の健全性は高い。
　　　　他人資本　→　有利子負債（借入金・社債等）

2　キャッシュ・フロー分析

　キャッシュ・フロー分析は、営業・投資・財務のどの活動がプラスのキャッシュ・フローを生じ、どの活動がマイナスのキャッシュ・フローになっているかということを分析することである。

　安全性に関するキャッシュ・フロー分析比率としては、次の2つがある。

① CFO対流動負債比率 $= \left(\text{CFO} \div \text{期末流動負債} \right) \times 100\%$

　　→ 流動負債に対して営業活動の1年間の現金創出能力の測定
　　　この比率が高いほど好ましい。
　　　短期的な債務　→　営業活動から創出した現金で返済できる。

② CFO対負債比率 ＝（CFO ÷ 期末負債）× 100%

　　→ 企業の本業の債務返済能力を判断
　　　この比率が高いほど好ましい。

（注）CFO（Cash Flow from Operation）　→　営業活動によるキャッシュ・フロー

第6節　収益性分析

　企業の主たる目的は、利益追求であるので、その収益性の分析は、財務諸表分析の中心となる。収益性分析は、資本を運用した結果の収益（性）の測定で、資本利益率によって示される。資本利益率は、次図のように、「売上高利益率」と「資本回転率」に分けることができる。

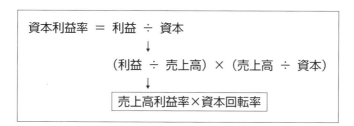

　収益性分析で使用される「利益」と「資本」については、次のような種類があることから、これらを組み合わせて、それぞれの比率を導くことになる。

利　益	資　本
売上総利益	総資本（総資産）
営業利益	自己資本（株主資本）
経常利益	
当期純利益	

① 資本利益率 ─→ 資本の利益獲得効率を示す収益性の総合指標
　　　　　　　　　（資産利益率（Return on Assets：ROA）ともいう。）

　　　　　└─→ 総資本経常利益率 ＝ （経常利益 ÷ 総資本）× 100%

　　　　　└─→ 自己資本当期純利益率 ＝ （当期純利益 ÷ 自己資本合計）× 100%
　　　　　　　（自己資本当期純利益率（Return on Equity：ROE）ともいう。）

② 売上高利益率 ─→ 売上高に対してどれだけの利益を上げているか測定

　　　　　└─→ 売上高総利益率 ＝ （売上総利益 ÷ 売上高）× 100%
　　　　　　　（粗利益率ともいう。）
　　　　　└─→ 売上高営業利益率 ＝ （営業利益 ÷ 売上高）× 100%

　　　　　└─→ 売上高経常利益率 ＝ （経常利益 ÷ 売上高）× 100%

第7節　活動性分析

　活動性分析とは、投下資本の運用によっていかに効率的に売上高を伸ばしているかを判断する分析である。したがって、次の算式のように、資本と売上高の関係比率（資本回転率）を求めることになる。

> 資本回転率（回）＝ 売上高 ÷ 資本

　運用効率の判定を「資本」のみでなく、他に、総資本、棚卸資産、売上債権、又は支払債務（この場合、除す対象は売上原価となる）がある。これらの算式は、以下のとおりである。これらの比率は、回転率が高いほど、資本の運用効率が良いことを意味している。

① 　総資本回転率 ＝ 売上高 ÷ 総資本（回）
　　　　　→　企業の総括的な資本の運用効率を示している。
② 　棚卸資産回転率 ＝ 売上高 ÷ 棚卸資産（回）
　　　　　→　棚卸資産の在庫の検討比率
③ 　売上債権回転率 ＝ 売上高 ÷（受取手形＋売掛金）（回）
　　　　　→　売上債権の回収速度を表す比率
④ 　仕入債権回転率 ＝ 売上原価 ÷（支払手形＋買掛金）（回）
　　　　　→　仕入債務の支払速度を表す指標
　　　　　　　比率が高いほど、支払債務が早く支払われている。

[問題]
　A社及びB社は、飲料水の会社ですが、収益性、安全性、活動性等について、それぞれ財務分析を行い、どちらの会社にあなたは投資をするか、財務分析の比率に基づいて、その理由を述べなさい。なお、⑩は、自分で財務比率を

選択して、答えなさい。

① A社

連結貸借対照表
2014年3月31日

（百万円）

流動資産		421,307	流動負債		591,262
現金預金	11,556		支払債務	100,231	
受取債権	289,233		短期借入金	104,867	
有価証券	62		その他	386,164	
棚卸資産	89,456		固定負債		190,457
その他	31,000		長期借入金	190,457	
固定資産		974,555	純資産		614,143
有形固定資産	682,111		株主資本	487,362	
無形固定資産	82,321		評価・換算差額分	73,564	
投資等	210,123		少数株主持分	53,217	
資産合計		1,395,862	負債・純資産合計		1,395,862

連結損益計算書
自2013年4月1日　至2014年3月31日

（百万円）

Ⅰ	売上高	1,564,781
Ⅱ	売上原価	980,245
	売上総利益	584,536
Ⅲ	販売費及び一般管理費	421,863
	営業利益	162,673
Ⅳ	営業外利益	10,364
Ⅴ	営業外費用	60,214
	経常利益	112,823
Ⅵ	特別利益	3,564
Ⅶ	特別損失	30,458
	税金等調整前当期純利益	85,929
	法人税、住民税及び事業税	32,589
	法人税等調整額	6,873
	少数株主利益	201
	当期純利益	46,266

② B社

連結貸借対照表
2014年3月31日
(百万円)

流動資産		643,461	流動負債		904,068
現金預金	56,124		支払債務	138,556	
受取債権	359,457		短期借入金	408,867	
有価証券	300		その他	356,645	
棚卸資産	157,124		固定負債		480,023
その他	70,456		長期借入金	480,023	
固定資産		1,861,362	純資産		1,120,732
有形固定遺産	629,867		株主資本	917,632	
無形固定遺産	376,875		評価・換算差額等	123,542	
投資等	854,620		少数株主持分	79,558	
資産合計		2,504,823	負債・純資産合計		2,504,823

連結損益計算書
自2013年4月1日　至2014年3月31日
(百万円)

Ⅰ	売上高	1,869,732
Ⅱ	売上原価	1,056,879
	売上総利益	812,853
Ⅲ	販売費及び一般管理職	542,568
	営業利益	270,285
Ⅳ	営業外収益	20,546
Ⅴ	営業外費用	169.564
	経常利益	121,267
Ⅵ	特別利益	23,567
Ⅶ	特別損失	30,458
	税金等調整前当期純利益	114,376
	法人税、住民税及び事業税	54,268
	法人税等調整額	6,873
	少数株主利益	11,665
	当期純利益	41,570

		A社	B社
①	流動比率		
②	当座比率		
③	固定比率		
④	自己資本比率		
⑤	売上高経常利益率		
⑥	売上高総利益率		
⑦	総資本経常利益率		
⑧	総資本回転率		
⑨	棚卸資本回転率		
⑩			

投資する会社　　　　　　　　　　　社

（投資する理由）

第9章

連結財務諸表

第1節　連結財務諸表

　現代の企業は、企業集団を形成して事業活動を営んでいる場合が多く見られる。この企業集団全体としての財務諸表を連結財務諸表という。連結財務諸表は、支配従属関係にある複数の企業からなる企業集団をひとつの組織体とみなして、親会社が当該企業集団の財政状態、経営成績及びキャッシュ・フローの状況を総合的に報告するため作成されたものである。連結財務諸表の必要性については、経済発展にともない企業の集団化が著しくなり、当該企業集団を構成する個々の法的実体（legal entity）の財務諸表だけでは投資情報として不十分となり、支配従属関係にある企業集団を一つの会計単位とした経済的実体（economic entity）の財政状態、経営成績及びキャッシュ・フローの状況を明らかにすることが重要になってきたからである。近頃よく見られる複数の事業会社の株式を保有するホールディング・カンパニーの個別財務諸表では、投資と資本金だけの貸借対照表でありこれでは事業の内容がよく判らない。

　なお、連結財務諸表に対して、法形式上の会社を単位として作成される財務諸表を「個別財務諸表」あるいは「単体財務諸表」と呼んで区別する。

（注）　この章では特に記載のない限り、平成25年9月13日に改正された企業会計基準第22号「連結財務諸表に関する会計基準」（改正連結会計基準）に基づいている。改正連結会計基準は、企業結合に関する会計基準等の改正の一環として行われ、原則として平成27年4月1日以後開始する連結会計年度の期首から適用される。一部早期適用も可能である。

第2節　連結財務諸表制度

　戦後の企業会計制度は個別財務諸表中心であり、長い間、企業の業績悪化を隠すため、子会社との架空取引で利益を計上する子会社を利用した粉飾決算が多発した（一例として山陽特殊鋼事件－監査制度史にも登場）。親会社・子会社を一つの企業体とみなした連結財務諸表では、親子間取引は消去され連結グループ外に売って初めて利益が計上されるから、こういった粉飾決算は防ぐことができる。昭和42年、我が国に連結財務諸表が紹介されて以来非連結子会社や関連会社の投資勘定には持分法の適用、また連結財務諸表が有価証券報告書の添付資料から本体に組入れられたり、セグメント情報の開示も義務づけられるなど、数回の改正を経て、ついに平成9年6月になって「連結財務諸表制度の見直しに関する意見書」により個別財務諸表から連結情報を中心としたディスクロージャーへ転換され、連結範囲に支配力基準が導入された。これには山一證券事件が契機とされている。さらに、国際会計基準との調和から連結包括利益計算書を導入したり（平成22年改正）、当期純利益に非支配株主損益を含め、支配獲得後の持分変動から損益を生じさせないルールに変更したり（平成25年改正）の改正が続いている。

> |Advance▶　粉飾事件と連結財務諸表制度
>
> **山陽特殊鋼事件（昭和40年）**
> 　架空子会社との取引で、架空資産、架空利益を計上。最終的に巨額損失を計上して倒産。企業集団を利用した不正経理であったが、当時連結財務諸表はなかった。これを契機に監査手続の拡大や監査法人制度の導入、商法監査制度の見直しとなった（第12章「会計監査」参照）。
>
> **山一證券事件（平成9年）**
> 　日本の4大証券の一つである山一證券は運用利回り保証、損失補填や一任勘定といった違法の営業行為から生じた有価証券の含み損約2,600億円を国内・海外のペーパー・カンパニー（非連結子会社）に押し付け、単独決算を良く見

せかけた。この「飛ばし」による簿外負債を長年にわたって組織的に隠蔽したことが信用を失墜させ、平成9年11月自主廃業した。この事件の後、連結範囲を見直し実質的支配力基準が導入された。

一方、会社法では、会計監査人設置会社のうち有価証券報告書を提出する大会社に限り、連結計算書類の作成と株主への提供が義務付けられている（会社法444③）。現在の法令に基づく連結財務諸表は次のものから成り立っている。

連結財務諸表	連結計算書類
根拠法：金商法、連結財務諸表規則	根拠法：会社法444、会社計算規則61
①　連結貸借対照表	①　連結貸借対照表
②　連結損益及び包括利益計算書※	②　連結損益計算書
③　連結株主資本等変動計算書	③　連結株主資本等変動計算書
④　連結キャッシュ・フロー計算書	―
⑤　注記	⑤　連結注記表

※　②の計算書に代えて、「連結損益計算書」、「連結包括利益計算書」に分けることもできる。

このように、本格的な日本の連結財務諸表制度は21世紀になってからであるが、米国では、既に18世紀には連結財務諸表があった。最初の連結財務諸表は1901年 US　STEEL 社の第1期アニュアルリポートだとされている。法令やSEC当局から強制されたわけではなく、自発的に作成され、監査報告書も付されていた。

> **Advance** ▶ 親会社説と経済的単一体説
>
> 　連結財務諸表の作成については、「親会社説」と「経済的単一体説」の2つがある。いずれの考え方においても、単一の指揮下にある企業集団全体の資産・負債と収益・費用を連結財務諸表に表示することに変わりはないが、資本に関して、両者で違いが出てくる。
> 　親会社説は、連結財務諸表を親会社の財務諸表の延長線上に位置づけて、親会社の株主持分のみを資本とする。少数株主との取引は損益取引である。
> 　一方、経済的単一体説は、連結財務諸表を親会社とは区別される企業集団全体の財務諸表と位置づけ、非支配株主持分も親会社株主持分と同等に資本を構成すると考える。米国や国際会計基準はこの説によっている。この説では企業集団の利益には非支配株主に帰属する部分も含まれ、非支配株主との間の株式売買取引は、株主間の取引として、連結損益計算書に計上しない。
> 　日本基準は、親会社説に基づき連結貸借対照表では非支配株主持分は純資産の部の株主持分以外の箇所に表示しつつ、国際会計基準との調和から、今般の改正で連結損益計算書は経済的単一体説に近寄っている（改正連結会計基準51、51－2）。この結果、わが国の連結会計基準は、親会社説と経済的単一体説の妥協の産物で、必ずしも論理的に一貫していない。また、今まで可能であった、例えば100％子会社の株式20％を売却して「益出し」することは、改正連結会計基準ではできない。

第3節　連結財務諸表作成の一般基準

1　連結の範囲

　連結財務諸表に含まれる企業の範囲を、連結の範囲という。連結範囲を決定する基準は、従来は「持株基準」であり、そこでは他の会社の議決権の50％超を実質的に所有している会社を親会社、当該他の会社を子会社としてそのような子会社を連結対象としていた。この持株基準のもとでは、持株比率が50％以下になるよう子会社株式を親会社のグループ会社などに譲渡し、業績悪化の子会社を連結から外して連結財務諸表をよく見せようとする会社が出てきた。このため、現在では50％以下の持株比率であっても一定の状況であれば子会社として連結範囲に含めるという「支配力基準」が採用されている（連結会計基準7）。

　子会社の範囲

　① 　他の会社の議決権の50％超を自己の計算において所有している場合（持株基準）

　② 　他の会社の議決権の40％以上50％以下を自己の計算で所有している場合で、㈜から㈱のいずれかに該当するとき

　　㈜ 　自己と同一の内容の議決権を行使すると認められる者、及び、自己と同一の議決権を行使することに同意している者が所有している議決権と合わせて、他の会社の議決権の50％超を占めているケース

　　㈹ 　現在又は過去の役員又は使用人であり、かつ、他の会社の財務及び営業又は事業の方針決定に影響をあたえることができる者が、他の会社の取締役会等の構成員の過半数を占めているケース

　　㈧ 　他の会社の重要な財務及び営業又は事業の方針を決める契約等

が存在するケース
　　㈡　他の会社の資金調達額の総額の50％超を融資しているケース、又は
　　㈥　その他、他の会社の意思決定機関を支配していることが推測できる事実が存在するケース

③　議決権比率は40％未満であるが②の㈰に該当し、かつ㈪～㈥のいずれかに該当する場合

　この支配力基準で決定された子会社は、原則としてすべて連結範囲に含められる。例外として、次の企業は連結の範囲に含めない（連結会計基準14）。

①　支配が一時的であると認められる企業

②　①以外の企業であって、連結することにより利害関係者の判断を著しく誤らせるおそれのある企業

③　更生会社、破産会社その他これらに準ずる会社で、有効な支配従属関係が存在しないと認められる企業は、そもそも「子会社」に該当しない（連結会計基準7⑴カッコ書き）。

④　小規模子会社（資産、売上高等を考慮し重要性の乏しい会社）は連結範囲に含めないことができる（連結会計基準注解3）。

連結子会社数及び持分法適用会社数（平成23年）

企業グループ	連結子会社数	持分法適用会社数	合　計
ソニー	1,312	101	1,413
日　立	963	215	1,178
東　芝	590	200	790

2 連結財務諸表作成の基礎

(1) 連結決算日

連結財務諸表の作成に関する期間は1年とし、親会社の会計期間に基づき年1回一定の日を連結決算日とする。子会社の決算日が連結決算日と異なる場合には、連結決算日に正規の決算に準ずる合理的な決算を行う（連結会計基準15、16）。

ただし、子会社の決算日と連結決算日の差異が3か月を超えない場合には、子会社の正規の決算を基礎に連結決算を行うことができるとされている。この場合、子会社の決算日と連結決算日が異なることから生じる連結会社間の取引に係る会計記録の重要な不一致について必要な整理を行わなければならない（連結会計基準注解4）。

(2) 親会社及び子会社の会計方針

同一環境下で行われた同一性質の取引などについて、親会社及び子会社が採用する会計方針は原則として統一しなければならない（連結会計基準17）。

(3) 作成手順

連結財務諸表は、支配従属関係にある複数の企業の個別財務諸表を合算し、必要な修正を加える事によって作成される。

作成手順
① 企業集団の個別財務諸表を単純に合算
② 親会社の投資と子会社の資本の相殺消去
③ 親子間の債権と債務の相殺消去
④ 連結会社相互間の売上・仕入などの取引高の相殺消去
⑤ 未実現利益の消去

第4節　連結貸借対照表

1　投資と資本の消去

連結貸借対照表を下図の例示で作ってみよう。まず、親会社Ｐの貸借対照表と子会社Ｓの貸借対照表を合算する。合算貸借対照表では資産は（Ｐ社の資産450）＋（Ｓ社の資産250）で700となる。これ以外にＰ社がもつＳ社株式50がある。同様に負債は、300＋200で合算後500になる。資本はＰ社の資本200と子会社Ｓの資本50があるが単純に合算すると250になってしまう。これでいいのか。親から子供に小遣い50千円をあげたのに家族全体で財産が増えたわけではない。ここで、親会社Ｐの持つＳ社株式50と子会社Ｓの資本50を相殺消去する必要が出てくる。

P社 B/S				S社 B/S				合算 B/S	
資産 450	負債 300			資産 250	負債 200			資産 700	負債 500
S社株式 50	資本 200	＋			資本 50	＝		S社株式 50	資本 50
									資本 200
500	500			250	250			750	750

連結消去仕訳

（借方）　　　　　　　　　　　　　　　（貸方）

資本Ｓ　　　　50　　／　　Ｓ社株式　　　　50

連結 B/S	
資産 700	負債 500
	資本 200
700	700

実務上、連結会計処理は親会社の連結決算担当チームが次のような連結精算表を作って行うが、親会社の会計帳簿には記載されない。（借方をプラス、貸方をマイナスの符号を付けて合計がゼロになることで貸借一致を確かめることができる。）

連結精算表

勘定科目	P社 借(貸)方	S社 借(貸)方	合算 借(貸)方	連結消去 借方	連結消去 (貸方)	連結 借(貸)方
資　産	450	250	700			700
S社株式	50		50		(50)	
負　債	(300)	(200)	(500)			(500)
資　本	(200)	(50)	(250)	50		(200)
合　計	0	0	0	50	(50)	0

2　のれん

　上記1の例はP社が100％子会社S社を設立したケースである。次は、P社が既にある会社T社の株式を100％買収して子会社を取得したケースを考えてみよう。

　　　　親会社P社の投資額：　　　　　30億円

　　　　取得したT社の資本勘定：　資本金10億円

　　　　　　　　　　　　　　　　　利益剰余金10億円

　T社の純資産20億円に対してP社は30億円投じている。この差額10億円はT社が保有する超過収益力と認められ、一種の営業権として「のれん」に計上する。したがって、連結消去仕訳は次のようになる。

連結消去仕訳

(借方)		(貸方)	
資本	10	T社株式	30
利益剰余金	10		
のれん	10		

　投資と資本の消去は、原則として親会社が子会社の株式を取得した日（支配獲得日）を基準に行うが、株式取得日が子会社の決算日以外である場合には、株式の取得日に近い決算日に取得したものとみなして「みなし取得日」で処理することができる。

　親会社の子会社に対する投資とこれに対応する子会社の資本との相殺消去にあたり、差額が生じる場合にはのれん（又は負ののれん）として、次のように処理する（連結会計基準24、企業結合会計基準32、33）。

のれん	無形固定資産に計上し、20年以内のその効果の及ぶ期間にわたって、規則的に償却。 （金額に重要性が乏しい場合、一時償却可）
負ののれん	①　取得企業は、すべての識別可能資産・負債が把握されているか、又はそれらに対する取得原価の配分が適切に行われているか見直す ②　①の見直しを行ってもなお負ののれんが生じる場合、生じた年度の利益とする。 （金額に重要性が乏しい場合、①②を行わず利益）

　負ののれんは利益に計上されるため、より慎重な手順を踏むことになる。

3　非支配株主持分

　ここまでは、親会社が子会社の株式100％所有している完全子会社を前提にしてきた。親会社は子会社株式の100％未満の過半数、又は50％以下でも支配力がある場合はどうなるであろうか。子会社の資本のうちに親会社に帰属しない部分は改正連結会計基準では「非支配株主持分」という（改正連結

会計基準26)。この非支配株主持分は、連結貸借対照表で純資産の部に記載される。

> Advance▶
>
> 従来の連結会計基準では親会社に帰属しない持分を「少数株主持分」(minority interests) と呼んでいた。しかし連結範囲に支配力基準が導入された現在では、親会社の持株比率が50％以下でも、極端な場合０％でも、支配力を行使して子会社にすることができる。このため改正連結会計基準（平成25年改正）では「非支配株主持分」(non-controlling interests) という言葉が使われている。ただし改正連結会計基準は、平成27年４月１日以降開始する連結会計年度の期首から適用される。

(1) Ｐ社がＵ社（資本金60億円、利益剰余金40億円）の株式80％を90億円で取得した場合

この場合は、子会社Ｕ社の純資産100億円のうち80％に相当する80億円が親会社持分、20％に相当する20億円が非支配株主持分である。なお、投資額90億円と受入純資産である親会社持分80億円との差額10億円がのれんとなる。

連結消去仕訳

(2) 株式取得後の剰余金の処理

当期初に株式の80％を取得されたＵ社が、今期100億円の当期純利益を計上した場合、Ｕ社の利益100億円に含まれる非支配株主の帰属する利益20億円は、連結純利益から控除される。

連結消去仕訳

（借方）	（貸方）
非支配株主損益　20 (P/L)	非支配株主持分　20 (B/S 純資産)

4　全面時価評価法

　連結貸借対照表の作成にあたっては、支配獲得日において、子会社の資産・負債のすべてを時価により評価しなおす（全面時価評価法）（連結会計基準20）。これは、現行の会計基準がパーチャス法を採用しているため、購入（purchase）したとして支配獲得時の子会社の資産・負債の価格（＝時価）を付するという意味がある。そして子会社の資産・負債の時価評価額と個別貸借対照表計上額との差額（評価差額）は、連結上子会社の資本とされる（連結会計基準21）。この後、投資と資本の相殺消去を行う。

> Advance▶
>
> 　時価により評価する子会社の資産・負債の範囲について、親会社が投資を行った際の親会社持分を重視する「部分時価評価法」も従来は認められていたが、国際会計基準の動向と実務界の対応から全面時価評価法に統一された。（連結会計基準第61項）

　P社がV社（個別貸借対照表の資産、負債がそれぞれ190億円、130億円）の株式70％を77億円で取得したが、子会社の土地の簿価90億円を120億円で時価評価したとすると総資産190億円の時価が220億円であったことになる。全面時価評価法では、非支配株主持分を含めてすべての持分を再評価するので、評価差額は30億円になる。したがってのれんは、時価評価後の受入純資産90億円の70％である63億円と、親会社投資額77億円との差額14億円になる。

子会社 V 社の評価差額計上

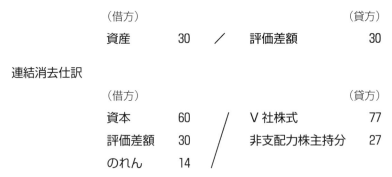

連結消去仕訳

(借方)			(貸方)	
資本	60	/	V 社株式	77
評価差額	30	/	非支配力株主持分	27
のれん	14	/		

5 債権債務の消去

連結貸借対照表は、親会社と子会社を単一の組織体とみなして作成するから、連結会社相互間の債権と債務は連結決算上相殺消去される。

親会社から子会社へ商品を販売していると仮定すると、両社の会計処理は次のようになる。

親会社

(借方)		(貸方)	
子会社に対する売掛金	***	売上	***

子会社

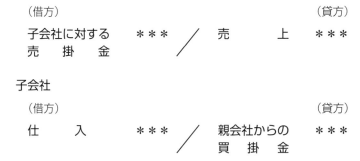

同一グループ内の債権、債務であるから、子会社に対する売掛金と親会社からの買掛金を消去する。また連結損益計算書作成の過程で売上と仕入も相殺消去する。債権・債務の消去としては、この他に支払手形と受取手形、貸付金と借入金、未収金と未払金などが考えられる。

債権債務の消去仕訳

(借方) (貸方)
親会社からの　　＊＊＊　／　子会社に対する　　＊＊＊
買　掛　金　　　　　　　　売　掛　金

　実務的には、子会社売掛金と親会社買掛金が一致しないことが多く見受けられる。これは親会社で売上げて商品を発送したが、子会社にはまだ届いていないため仕入計上していない未達取引が生じるからである。この時には、たとえば子会社で商品を受け取ったものとして処理することになる。

第5節　連結損益及び包括利益計算書

現行の会計基準では、連結純利益に加えて連結包括利益も開示される（個別財務諸表への適用は今後判断される）。包括利益計算書を連結損益計算書に組み込んだ「連結損益及び包括利益計算書」（1計算書方式）又は「連結損益計算書」及び「連結包括利益計算書」（2計算書方式）のいずれかの形式による。以下は改正連結会計基準第38-2項に基づく記載例である。

1計算書方式

連結損益及び包括利益計算書	
売上高	1,000,000
．	．
．	．
．	．
税金等調整前当期純利益	160,000
法人税等	60,000
当期純利益	100,000
（内訳）親会社株主帰属当期純利益	80,000
非支配株主帰属当期純利益	20,000
その他の包括利益	
その他有価証券評価差額金	1,800
繰延ヘッジ損益	500
為替換算調整勘定	－300
その他の包括利益合計	2,000
包括利益	102,000
（内訳）	
親会社株主に係る包括利益	81,800
非支配株主に係る包括利益	20,200

2計算書方式

連結損益計算書	
売上高	1,000,000
．	．
．	．
．	．
税金等調整前当期純利益	160,000
法人税等	60,000
当期純利益	100,000
非支配株主帰属当期純利益	20,000
親会社株主帰属当期純利益	80,000

連結包括利益計算書	
当期純利益	100,000
その他の包括利益	
その他有価証券評価差額金	1,800
繰延ヘッジ損益	500
為替換算調整勘定	－300
その他の包括利益合計	2,000
包括利益	102,000
（内訳）	
親会社株主に係る包括利益	81,800
非支配株主に係る包括利益	20,200

改正後連結会計基準の基づく連結財務諸表の表示方法に係る改正

連結財務諸表	改正前連結会計基準	改正後連結会計基準
連結貸借対照表	少数株主持分	非支配株主持分
連結損益計算書	少数株主損益調整前当期純利益	当期純利益
	少数株主利益	非支配株主に帰属する当期純利益
	当期純利益	親会社株主に帰属する当期純利益
連結包括利益計算書	少数株主損益調整前当期純利益	当期純利益
	少数株主に係る包括利益	非支配株主に係る包括利益
連結株主資本等変動計算書	少数株主持分	非支配株主持分
	当期純利益	親会社株主に帰属する当期純利益

（注）当期純利益、少数株主持分から非支配株主持分への表示の変更は、平成27年4月1日以後開始する連結会計年度の期首から適用される。なお、早期適用は認められていない。

いずれの計算書方式であっても連結損益計算書は、連結貸借対照表同様に、親子会社の個別損益計算書を単純合算することから始まる。その後、連結会社相互間の取引高を相殺消去し未実現損益を消去する。

1 連結損益精算表

では、連結精算表を使って連結損益計算書を作ってみよう。

親会社P，子会社Sの個別損益計算書は精算表のとおり。
- P社はS社の株式70%所有している。
- P社が400百万円で製造した製品甲をS社に500百万円で売却し、S社はこれをすべて外部に売却したとする。
- S社はP社に利息10百万円支払っている。

連結損益精算表

勘定科目	P 社 借(貸)方	S 社 借(貸)方	合 算 借(貸)方	連結消去 借　方	(貸方)	連 結 借(貸)方
売上高	(10,000)	(3,000)	(13,000)	500		(12,500)
売上原価	6,000	1,400	7,400		(500)	6,900
販管費	2,050	300	2,350			2,350
受取利息	(100)	0	(100)	10		(90)
支払利息	40	10	50		(10)	40
法人税等	804	516	1,320			1,320
非支配株主利益			0	232		232
親会社株主利益	1,206	774	1,980		(232)	1,748
合　計	0	0	0	742	(742)	0

連結消去仕訳

内部取引の消去

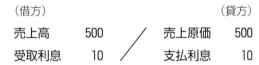

　　（借方）　　　　　　　　　　　（貸方）

　　売上高　　　500　／　売上原価　　500

　　受取利息　　 10　／　支払利息　　 10

子会社の当期純利益774百万円の30％相当額232百万円が非支配株主に帰属する当期純利益になる。

非支配株主利益の振替

　　（借方）　　　　　　　　　　　（貸方）

　　非支配株主利益　232　／　非支配株主持分　232
　　（PL）　　　　　　　　　　　（BS）

2　未実現利益の消去

上記の例は親会社Ｐが生産した製品甲を販売子会社Ｓがすべて販売したケースであった。今度は、ＳはＰから仕入れた製品甲が100百万円売れ残ったとする。100百万円の在庫に含まれるＰ社の販売利益に相当する利益は、

連結グループ外部に売っていないから、まだ実現していない。この未実現利益を連結財務諸表で消去する。親会社から子会社への販売であるダウン・ストリームの未実現利益の消去は次のとおりである。

未実現利益の計算

　　　　S社の製品甲の在庫100 × P社利益率20％（100÷500）＝ 20

未実現利益の消去

　　　　　　　（借方）　　　　　　　　　　　（貸方）
　　　　　　売上原価　　20　　／　　棚卸資産　　20

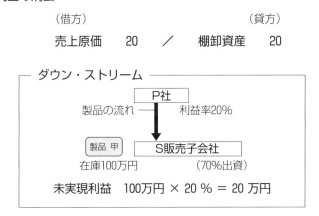

　次に親会社は、製品乙を製造子会社T（P社の出資割合60％）から仕入れて、販売しているとする。T社の利益率は10％、P社における製品乙の期末在庫高400百万円とする。P社、T社の連結財務諸表では、400百万円のうち10％はT社の未実現利益であり消去しなければならない。ただし、S社のケースと違って、子会社から親会社への販売であるアップ・ストリームの未実現利益であるため、T社の非支配株主持分にも未実現利益の消去を負担させる。

　　未実現利益の計算：P社の製品乙の在庫400×T社利益率10％＝40
　　非支配株主負担分：未実現利益40×非支配株主割合40％＝16

未実現利益の消去

（借方）		（貸方）	
売上原価	40	棚卸資産	40
非支配株主持分（BS）	16	非支配株主利益（PL）	16

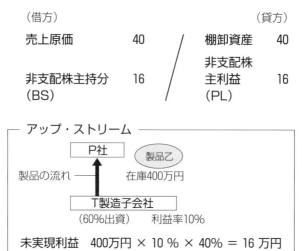

未実現利益は全額消去し、販売益を計上した会社の株主割合に応じて親会社・非支配株主で負担する「全額消去・持分比率負担方式」が現行の連結会計基準（第36項、第38項）である。

第6節　持分法

1　持分法の意義

　持分法とは、投資会社が被投資会社に純資産及び損益のうち投資会社に帰属する部分の変動に応じて、その投資勘定を連結決算日ごとに修正する方法である（持分法会計基準 4）。親会社の会計帳簿や個別財務諸表では、金融商品会計基準に基づき子会社、関連会社への投資有価証券を取得原価で評価するが、連結財務諸表上は持分法を適用して投資先企業の状況を反映させる。すなわち、連結範囲から外れた一時所有の子会社や重要性のない子会社などの非連結子会社及び関連会社に対する投資勘定は、持分法による会計処理が適用される。これら持分法が適用される非連結子会社と関連会社は、「持分法適用会社」と総称される。

　ここで、「関連会社」とは、子会社ではないが、人事・資金・技術等の関係を通じて、財務及び営業方針に重要な影響を与えることができる会社である（持分法会計基準 5）。関連会社に該当するか否かの判定基準は「影響力基準」と呼ばれ、次のように定められている（持分法会計基準 5 - 2）。

関連会社の範囲

① 子会社以外の他の企業の議決権の20％以上を自己の計算で所有している会社

② 他の企業の議決権の15％以上20％未満を自己の計算で所有している場合で、財務及び営業又は事業の方針決定に対して重要な影響を与えることができるといった事実が認められる会社

③ 自己の計算で所有している議決権と、自己と同一の内容の議決権を行使すると認められる者、及び自己と同一の議決権を行使することに同意している者が所有している議決権と合わせて、他の企業の20％以上を占めている場合で、財務及び営業又は事業の方針決定に対して重要な影響を与えることができる一定の事実が認められる会社

2　持分法の会計処理

(1)　持分法適用会社が当期純利益を計上

持分法適用会社が当期純利益を計上した場合、その当期純利益のうち投資会社の持分に相当する金額については、子会社・関連会社株式（以下「投資勘定」）の評価額を増加させるとともに、持分法による投資利益（営業外収益）を計上する（持分法会計基準12）。

(2)　持分法適用会社から配当を受領

投資会社が持分法適用会社から配当金を受け取った場合には、その配当金相当額だけ投資勘定の評価額を減額し、受取配当金と相殺する（持分法会計基準14）。配当金は持分法適用会社の純資産から分配され減少するため、持分相当額だけ投資勘定を減少させる。また受取配当金を減少させるのは、持分法適用会社による損益はすでに持分法による投資損益として計上されているので、親会社が受け取った配当金を受取配当金として収益計上すると二重計上となるからである。

設例

A社はB社（資本金1,000、剰余金500）の株式30％を500で取得した。

（借方）		（貸方）	
B社株式	500	現金	500

取得後、B社が100の当期純利益を計上した。

（借方）		（貸方）	
B社株式	30	持分法による投資損益	30

A社はB社から配当金3を受取り、個別損益計算書で受取配当金を計上した。

（借方）		（貸方）	
受取配当金	3 ／ B社株式	3

投資消去差額を20年で償却する。

投資消去差額：500－（1,000＋500）×30％＝50
当期償却額：　50÷20＝2.5

投資消去差額の償却

（借方）			（貸方）	
持分法による 投　資　損　益	2.5	／	B社株式	2.5

3　持分法と連結財務諸表

　連結の場合、単体の貸借対照表、損益計算書を合算して、すべての資産と負債、収益と費用を合算するのに対して、持分法の場合には、単体の資産・負債や収益・費用を合算しないで、持分法適用会社の純資産及び損益を親会社の投資勘定と投資損益の項目の各一行にだけ反映させている。このため、連結は「全部連結」といい、持分法は「一行連結」といわれている。

　また、連結の場合には、投資勘定と資本勘定を相殺消去した差額をのれんとして処理するが、持分法の場合にも、持分法適用会社の資産・負債を時価評価し、投資勘定と資本勘定との差額を投資勘定の簿価に含めて処理する。投資消去差額の償却は、連結の場合と同様に20年以内で行い、投資消去差額の償却費は持分法による投資損益に含めて表示する（持分法会計基準11、12）。

　持分法適用会社との取引により生じた未実現利益についても、連結の場合に準じて消去するが、この場合も投資勘定と持分法による投資損益の科目を使う（持分法会計基準13）。

> **Comment**
>
> 持分法会計は、我が国では連結財務諸表作成時に親会社の連結精算表の上で会計処理され、親会社の会計帳簿や個別財務諸表には記録されない。米国では、親会社の会計帳簿で連結子会社も関連会社もすべての投資勘定を持分法により会計処理している企業もある。そこでは個別財務諸表上の利益は連結財務諸表の利益と一致し、連結経営に役立たせている。

[問題]

1 連結財務諸表の目的について述べなさい。

2 子会社と関連会社との違いについて述べなさい。

3 P社は20XX年1月1日にS社株式の90%を、現金82,000百万円で買収した。同日現在のP社、S社の貸借対照表は次のとおり。

(百万円)

	P社	S社
流動資産	50,000	30,000
S社株式	82,000	
工場	118,000	70,000
資産合計	50,000	100,000
流動負債	20,000	20,000
資本金	180,000	50,000
剰余金	50,000	30,000
負債・純資産合計	250,000	100,000

(1) 両社間で内部取引はなく、S社帳簿価格を上回る買収価額はのれんとみなして、20XX年1月1日時点の連結消去仕訳及び連結貸借対照表を作成

しなさい。

(2) 次に、20XX年中、P社、S社はそれぞれ30,800百万円、8,000百万円の利益を計上した。期末日現在S社はP社に対して5,000百万円の債務がある。また、のれんの当期償却額は500百万円とする。20XX年12月31日現在の両社の貸借対照表は次のとおりであった。

(百万円)

	P社	S社
流動資産	83,800	41,000
S社株式	82,000	
工場	115,000	67,000
資産合計	280,800	108,000
流動負債	20,000	20,000
資本金	180,000	50,000
剰余金	80,800	38,000
負債・純資産合計	280,800	108,000

連結消去仕訳及び20XX年12月31日現在の連結貸借対照表を作成しなさい。

第10章

国際会計

企業の経済活動は、グローバル化といわれるように、日本国内だけでなく、米国や欧州、中国など海外の市場に拡がっている。そのような市場で競争する企業は、現地の取引先、金融機関、投資家あるいは税務当局から、企業の財務情報を求められるが、それが日本基準で作成された財務諸表では理解されない。国際資本市場で資金を調達するにあたって、原則として企業は、資金調達先の会計基準に準拠した財務諸表の作成を要求される。このように、複数の市場で調達しようとすると多くの労力を要することになってくる。そこで、国際間で理解できるビジネス言語のように、共通の会計基準を作ろうとする努力が始まったのである。

会計の国際化

第10章 国際会計

第1節 沿革

　歴史的には、1976年日欧米の会計士団体で構成される国際会計基準委員会（International Accounting Standards Committee : IASC）で国際会計基準（International Accounting Standards : IAS）が生まれた。IAS基準書がNo.1からNo.41まで発行されたが、強制力がなかった。2000年、欧米の証券規制機関等で作る証券監督者国際機構がIASを承認し、国境を超えて行われる資金調達に必要な財務諸表についてはIASに基づくものを認めることとなった。さらに、会計基準設定機関の機構改革が行われ、2001年国際会計基準審議会（International Accounting Standards Board : IASB）を設立し、国際財務報告基準（International Financial Reporting Standards : IFRS「イファース」又は「アイファース」と呼ぶ）が生まれた。現在のところIFRS基準書はNo.1からNo.15まで発表されているが、依然として効力のあるIASとともに国際会計の基準書となっている。

　IFRSは既にEU、カナダ、豪州、中国、韓国などの国の会計基準で採用されてきているが、米国では、まだ、米国基準とのコンバージェンス（convergence：収斂）が進んでいない。また、我が国では、日本の会計基準設定主体である企業会計基準委員会（ASBJ）が、2011年までに日本基準との差異を段階的に解消するという「東京合意」をIASBとの間で約束している。2009年から上場企業の連結財務諸表にIFRSの任意適用を認め、（現在47社が任意適用）適用会社は増加している。

　また、従前に日本基準に比べて大きく内容の異なる「のれん」、「その他の包括利益」の会計処理に関して日本基準と合致するように修正した国際基準とそれ以外のIFRSの各基準をセットにした日本版修正国際基準（Japan's Modified International Standards : JMIS）が企業会計基準審議会で準備されている。これによりIFRS導入に抵抗感を和らげようとされている。

IFRS の変遷

年　度	出来事
2000年	証券監督者国際機構が IAS を承認
2001年	国際会計基準審議会が設立、IFRS 誕生
2002年	FASB と IASB が調整に合意（ノーウォーク合意）
2005年	EU 強制適用、オーストラリア採用
2006年	コンバージェンスを加速させる覚書（MoU）公表
2007年	東京合意
2008年	米国 SEC が IFRS のロードマップ（案）公表
2010年	金融庁が IFRS の任意適用認可
2014年	ASBJ が日本版修正国際基準（案）公表

第2節　国際財務報告基準の重要性

国際財務報告基準を導入することによって、次のような効果が期待される。

① 世界のマネーを呼び込める

IFRSという共通の会計基準を導入することによって、企業の比較分析が可能になれば、世界の投資家は、日本市場により多くの投資をすることになる。

② 投資判断の効率化

共通の会計基準を持つことによって、投資情報の比較可能性が高まり、投資判断が効率的に行える。

③ 連結財務諸表作成の効率化

海外に子会社を持つ企業が連結財務諸表を作成する場合、同じ基準を世界中で一貫して利用できれば、財務諸表の作成が効率的にでき、なおかつ均質な財務情報を提供することができる。

我が国では「東京合意」に基づき、日本基準と国際基準との差異を解消するためのコンバージェンスの過程でいくつもの日本基準の改正が行われた。

会計基準の国際的統一

① アドプション（adoption）（直接適用）

日本が自国で作成する会計基準以外に基準の日本会社への直接的な採用

② コンバージェンス（convergence）（収斂）

各国の会計基準の規定の異なる部分をすり合わせて、実質的な統一を

図ること。コンバージェンスは、複数の会計基準があることを前提としていることから、完全に会計基準（適用や解釈）を統一することは不可能で、その意味で、IFRSという単一の基準を世界の国がアドプションすることが必要であるといわれている。

国際会計基準との調和の目的で創設・改正された主な日本の会計基準

① 棚卸資産の評価方法から後入先出法を排除し、評価基準を低価法に統一
② リース取引に関して、賃貸借取引に準じた処理を排除
③ 資産除去債務に関する会計基準創設
④ 賃貸不動産の時価等の開示
⑤ 企業結合に関して、持分プーリング法を廃止し、パーチャス法に統一
⑥ 会計上の変更及び誤謬の訂正に関する会計基準創設
⑦ 退職給付会計の創設、その後の改正
⑧ 包括利益の表示に関する会計基準創設
⑨ 連結財務諸表に経済的単一体説の会計処理を導入

今後も、国際会計基準との相違解消に向けて我が国の会計基準の見直しが進行していくことになる。このため、たとえ国際会計基準を適用していない企業にとっても今後改正される日本の会計基準の未来を理解するうえで、国際会計基準の動向は無視できないものとなっている。

第3節　国際財務報告基準の特徴

国際財務報告基準の主要な特徴として、次の5つが挙げられる。
① 原則主義
② 資産負債アプローチ
③ 包括利益の重視
④ 公正価値測定にシフト
⑤ 投資家の視点

以下、これらの内容について、我が国の基準と比較して説明する。

1　原則主義

IFRSの各基準では、会計に関する原則だけが決められて、産業別の詳細なガイダンスや判断の目安となる数値基準は示されていない。またIFRSの解釈は、国際財務報告解釈指針委員会 (International Financial Reporting Interpretation Committee) が担当し、各国の事情を前提にした各国毎の解釈は認めていない。IFRS「概念フレームワーク」（IFRSで改訂中）では基礎となる前提、財務諸表の構成要素、構成要素の認識、測定等を定めており、IFRSの各基準はこれに従って解釈することになっている。

一方、米国基準や日本の会計基準では、重要性の判断基礎となる数値基準などを適用指針やQ&Aで詳細に定めた細則主義が取られている。

> **Comment**
>
> 会計基準にあまり細かい数値基準などが決められると、たとえ経済的には類似した取引であったとしても、その要件を満たすとか、どの類型に該当するかなどの判断により会計処理が変わる。また契約内容を少し変えたりして新しいスキームを考えたりすることにより、特定の会計処理を回避することができるおそれがある。米国エンロン事件や日本のライブドア事件では、会計基準の詳細ルールを巧みに悪用して赤字の連結子会社を外す会計不正が行われた。その

> 一方で、原則主義は、企業や公認会計士に多くの判断が委ねられ、会計処理が適正か否かの判断がより多く求められ、説明責任が重くなるということもいわれている。

2　資産負債アプローチ

　戦後日本の企業会計の近代化に大きな役割を果たした「企業会計原則」は、利益の計算方法として、まず収益と費用を決定し、1会計期間に実現した収益から費用収益対応の原則より認識した費用を控除することによって、当期純利益を算定するという考え方（収益費用アプローチ）が取られている。

　これに対し国際会計基準・米国会計基準では、まず「資産」と「負債」を定義し、収益と費用はそれらの変動として考え、資産から負債を差し引いた差額の「持分」の増加（減少）額を包括利益（損失）とする「資産負債アプローチ」が採用されているといわれている。

　この資産負債アプローチにおいては、基本的に実際の事業活動による利益と、評価益その他事業活動以外による利益を区分する発想もなく、また、実現と未実現もない。しかし、最近のIFRS基準や改訂作業中の概念フレームワークでは、必ずしも包括利益のみを唯一の業績指標とはしていない。

　また、最近の日本基準においても資産除去債務、税効果会計などに資産負債アプローチが取り入れられている。

IFRS概念フレームワーク〈現行〉による定義

資産	過去の事象の結果として企業が支配し、かつ将来の経済的便益が企業に流入すると見込まれる資源をいう。
負債	過去の事象から派生した企業の現在の債務であり、その決済により経済的便益を有する資源が企業から流出すると予想されるもの。
収益	資産の流入・増価又は負債の減少による経済的便益の増価（持分参加者からの出資に関連する持分の増加は除く）である。

費用	資産の流出・減価又は負債の発生による経済的便益の減少（持分参加者への分配による持分の減少を除く）と捉えられる。

3 包括利益の重視

　包括利益とは、ある期間中に取引その他の事象によって生じた持分の変動のうち、所有者としての立場で行われる所有者との直接的な取引による変動以外のものをいう。したがって、包括利益は「当期純利益」と「その他の包括利益」に区分される。その他の包括利益は、資産の時価評価と取得原価との差額など、貸借対照表の純資産に計上されるが、損益計算書には計上されない。

　ただし、現行 IFRS 基準では、ある項目をその他の包括利益に含めるか（含めることができるか）及びその他の包括利益に含めた金額をその後当期純利益に振り替える（リサイクリング）か否か、必ずしも整合性が取れていない。例えば、包括利益に計上した有価証券評価差額は有価証券の売却によって当期の損益に振替える処理はしない。

　この点、日本の基準では、持合株のような時価評価したその他有価証券の売却によって生じた損益は、評価差額金に計上した評価差額を戻入れ、取得価額と売却価額との差額を売買損益として当期の損益に計上する会計処理（リサイクリング）をする（金融商品会計基準79）。

$$包括利益 \;=\; 当期純利益 \;+\; その他の包括利益$$

　その他の包括利益の例示　（●は IFRS 基準、□は日本基準による例示）
- ● キャッシュ・フロー・ヘッジ（IAS39）
- ● 確定給付制度の再測定（IAS19）
- ● 売却可能金融資産の未実現損益（IAS39）
- ● 海外事業処分時の為替換算差額（IAS21）
- ● 公正価値オプションを適用した金融負債の信用リスク部分（IFRS 9）

- 公正価値で評価し、変動額をその他の包括利益に計上する方法（FVTOCI）を選択した株式（IFRS9）
  □ 有価証券評価差額金
  □ 繰延ヘッジ損益
  □ 外貨換算調整勘定

　IFRSでは包括利益計算書は財務諸表の基本計算書の一つとして重視している。しかし、日本では業績指標として「当期純利益」に愛着があり、当面の間、包括利益を表示する計算書は個別財務諸表には適用されないで、連結財務諸表に適用されることになっている（包括利益表示会計基準16－2）。

4　公正価値測定にシフト

　IFRS基準で公正価値とは、測定日において、市場参加者間で秩序ある取引が行われた場合に、資産の売却によって受け取るであろう価格、又は負債の移転のために支払うであろう価格とされている。いわゆる「出口価格」である。たとえば以下のとおりである。

---

① 償却原価法による満期保有投資、貸付金及び債権以外の金融商品は、非上場株式も含め公正価値で評価（IFRS9）
② 売買目的で保有する金融負債、デリバティブ、公正価値オプションを適用した金融負債は、公正価値で測定し、その変動額は純損益に計上（ただし、信用リスクに変動に起因する部分は、その他の包括利益）（IFRS9）
③ 有形固定資産は、公正価値で再評価し、その金額からその後の減価償却累計額と減損損失累計額を控除した額で事後測定する「再評価モデル」を選択できる（IAS16）
④ 投資不動産については、公正価値モデル又は原価モデルから選択（IAS40）

このように資産・負債の測定に公正価値を導入し、貸借対照表に企業の経済的実態を反映させ、財務諸表の利用者に企業への将来の正味キャッシュ・インフローの見通しを評価するのに役立つ有用な情報を提供することを重要視している。

　なお、日本の金融商品会計基準で、時価とは公正な評価額であり、市場価格を指し、それがない場合は合理的に算定された価額をいうとされ、必ずしも「出口価格」ではない。

5　投資家の視点

　IFRSでは、企業外部に評価視点を置くことで、投資家の意思決定に対してより有用な情報を提供することを重視している。原則主義に鑑み、経営者の説明責任は更に高まるといわれている。

　ただ、投資家の関心事は、会社の本業の実現利益（過去情報）である。すなわち、過去情報は「結果」を示し実現をベースとした確実な数字で、将来情報は「予測」で、経営者による予測値を示している。

　債権の評価に当り、過去の貸倒経験率の基づき貸倒引当金を計上する「発生損失モデル」では、金融資産の減損損失の計上が遅れかつ多額の損失が突然計上されやすい。リーマンショックの経済危機の反省から、投資家の要求する水準を満たす「予想損失モデル」による貸倒引当金の計上が要求されることとなった（IFRS 9）。

第4節　今後の課題

　IFRS基準では、適用する会計処理及び開示の方法について、一部分だけIFRSを適用し、他の部分は日本基準などローカル基準を適用する「つまみ食い」は許されていない。IFRS基準を適用するときは、開示を含む財務諸表すべてについて一斉にIFRSを採用しなければならないとされている。会計処理の多様化の可能性が高まるなか、原則主義のIFRSではその解釈をめぐる法的な問題が発生する可能性が高まるであろうと予想される。監査を担当する会計士にとっても、ある会計処理が適正であるかどうかの判断に迷うことも発生すると思われる。

　連結財務諸表にIFRSを適用する企業は、その連結子会社、関係会社もIFRS基準に基づく会計情報を提供できる体制にしなければならない。また、今後、大企業のみならず海外展開する中小企業でもIFRSの適用は必然的に行われると思われる。会計実務を担う責任者、担当者がIFRS基準を理解し、使いこなせるようIFRSの教育、研修・教材などの整備が今後の緊急の課題である。同時にIFRS基準の財務諸表を監査する公認会計士や監査法人も当然IFRSを習得しておかなければならず、監査業務の実施、審査、専門的な見解の問合せに対する体制を整備しなければならない。また、IFRSの改訂等に迅速に対応するために、IFRSの日本語訳を省略し、英語の原文そのものを利用することも考えなければならない。これらのことを考えると、公認会計士試験の試験科目・試験範囲にも見直しが必要になってくるかもしれない。

　さらに日本では、今のところ連結財務諸表にIFRS基準を認めているが、個別財務諸表については確定決算による法人税の所得計算や会社法上の分配可能額の算定基礎などの要請から日本基準で作成しなければならない。財務諸表を作成する企業にとっては、場合によってはIFRS基準と日本基準の二種類の会計記録を整備維持しなければならないなど、大きな負担になっている。

あわせて、IFRS基準と日本基準との間で未解決の重要な相違点が残っており、日本基準がどのように収斂していくのか、今後の動向に留意しておかなければならない。

主な未解決の相違点

	日本基準	IFRS
のれん	日本では20年以内償却し徴候があれば減損（企業結合会計基準）	IFRSでは規則的償却は行わず毎期減損テスト（IFRS 3）
その他有価証券売却損益	最終損益に含めるべく、リサイクリングする（金融商品会計基準）	包括利益に計上した評価損益はリサイクリングしない（IFRS 9など）
開発費	発生時に費用処理（研究開発費会計基準）	開発段階から資産計上（IAS38）
収益認識	商品出荷時に売上計上。製品保証やポイント付は引当金計上が多い（企業会計基準）	顧客の受取時。製品保証やポイント付など付随売上は分割して売上計上（IFRS15）
非上場株式	取得原価（金融商品会計基準）	公正価値評価（IFRS 9）
投資不動産	取得原価に基づいた減価償却（原価モデル）。時価を注記（賃貸等不動産会計基準）	原価モデルの他、公正価値で評価し、公正価値変動を純損益に計上（公正価値モデル）も認めている（IAS40）
オペレーティング・リース	賃貸借処理（リース会計基準）	リース資産利用権を無形固定資産計上（検討中）

[問題]

1　IFRS の導入がなぜ日本で議論されているのか、述べなさい。

2　IFRS 基準と日本基準との違いについて述べなさい。

3　のれんを日本基準のように定期的に償却する方がいいか、IFRS のように減損処理だけで償却しない方がいいか、ディベートしなさい。

4　日本基準を採用している会社と IFRS 基準を採用した会社とでは、財務諸表を見る場合どこに注意すべきか、考えなさい。

第11章

税務会計

法人税は、法人の各事業年度の「所得金額」を課税標準として、法人に対して課税を行うものである。法人税法等（政令・省令も含む）という法律は、課税標準である課税所得を定めているが、その具体的な算定については、会計に大きく依存している。税務会計の主たる目的は、この課税所得を導くことにある。したがって、税務会計とは、法律の規定の範疇で、所得の金額（課税所得）を計算する会計といえる。

第1節　法人の所得金額

1　法人税法22条と74条の関係

　法人税の課税標準は、「各事業年度の所得の金額（課税所得）」であるが、この課税所得の金額は、「益金の額－損金の額」という課税所得の基本式によって導かれる（法法22①）。更に、内国法人は、確定した決算に基づき、申告書を提出しなければならない（法法74）。この2つの規定を図解したものが、以下に示すものである。

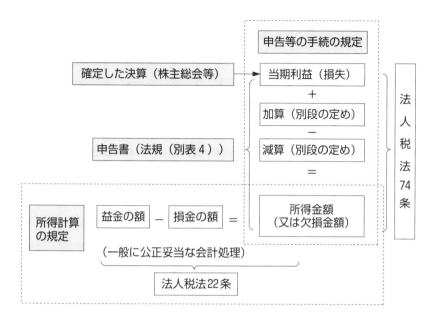

2　確定決算主義

　法人税法74条1項では、「内国法人は、各事業年度終了の日の翌日から二月以内に、税務署長に対し、確定した決算に基づき…申告書を提出しなければならない」と規定している。ここでいう、「確定した決算」とは、「株主総会の承認その他の手続による承認を得た決算」である。

　広義及び狭義の「確定決算主義」と「損金経理」については、次のような関係がある。

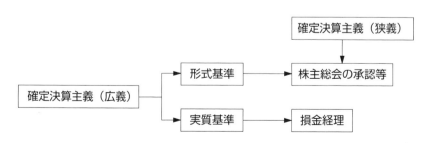

> 確定決算主義とは、形式的には、法人税の課税所得の計算は、法人がその決算に基づく計算書類につき株主総会の承認を受けた決算に係る利益に基づいて計算する（法法74①）ことである（狭義）。ただ、実質的な意味では、損金経理（内部取引等について所定の経理を確定した決算においてなした場合のみ損金経理を認めるというもの）も含むものと解されている。

　確定した決算を求める理由としては、①法人自身の計算による企業利益を基にして課税所得を誘導するという法人税法の構成から、必然的に法人自身の計算を要求するもの、②企業利益又は課税所得の計算上、2つ以上の基準・方法がある場合に、その選択について法人の意思表明を求めるものなどが挙げられている。

　この場合、確定した決算に基づかない申告の有効性について、会社法438条2項や439条所定の株主総会や社員総会の承認を受けていなければならないかについての議論はあるが、学説上は、「株主総会などで正式に承認の手続がとられていないときでも、法人が正規の決算と考えているものも含まれる」（「税法（第七版）」／清永敬次著／125頁）と解するのが一般的である。なお、会計監査人設置会社は、会計監査人及び監査役（監査委員会）がそれぞれ適正及び相当と認めた計算書類等については、株主総会の承認は必要なく、取締役の承認だけで良いということになっている（会社法439）。

3　課税所得の骨格

　法人税法22条は、法人税の課税所得の「骨格」を示している条文で、同条は、以下のように第1項から第5項までである。

	内　容
第1項	課税所得の基本式（益金の額－損金の額）
第2項	益金の額の定義
第3項	損金の額の定義
第4項	一般に公正妥当と認められる会計処理の基準 ※　会社法431条、614条　→　企業会計の慣行の規定
第5項	資本等取引 ※　資本等取引とは、法人の資本金等の額の増加又は減少を生ずる取引並びに法人が行う利益又は剰余金の分配及び残余財産の分配又は引渡しをいう

第2節　益金の額

法人税法22条2項は、「益金の額」を定めているが、その内容は次のものである。

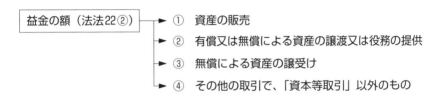

上記②のうち、「無償による資産の譲渡又は役務の提供」と③「無償による資産の譲受け」について、法人税法特有の考え方を説明する。

例えば、無償で資産を譲渡した場合、何故に、「益金の額」に該当することになるのであろうか。ここでは、簡単な設例を挙げることとする。すなわち、時価1億円の土地を親会社が子会社に4千万円（現金）で譲渡したとする。この場合、その差額の6千万円（1億円－4千万円）を「無償の譲渡の額」と考える。更に、当該土地は、10年前に親会社が2千万円で取得したものとする。

この場合、上記の法人税法22条2項の規定を無視した場合の親会社・子会社の「仕訳」を示すと、次のようになる。

仕訳1

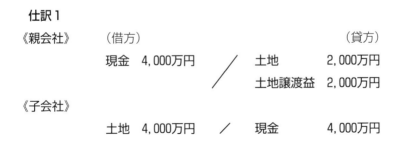

次に、法人税法22条２項の規定を適用した場合、仕訳は、次のようになる。

仕訳２

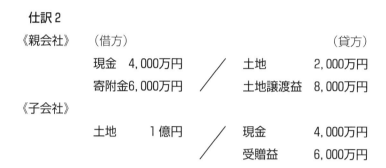

法人税法22条２項は、無償の資産の譲渡について、「益金の額」に計上することを定めていることから、6,000万円相当分の土地を子会社に低額譲渡（贈与）していることになり、親会社の土地の譲渡益は、仕訳２では6,000万円相当額増加している。これは、子会社に対する贈与であるから、法人税法上は、「寄附金」（法法37⑦）として親会社において処理されることになる。寄附金は、寄附金限度額の計算で、損金算入（又は損金不算入）の処理がなされる。一方、子会社には、6,000万円相当額の「無償による資産の譲受け」があったのであるから、当該金額については、「益金の額」に算入されることになり、仕訳２で示されているように「受贈益6,000万円」が計上されている。

このように、無償による資産の譲渡を益金に計上することに対する学説は、いろいろあるが、ここでは「二段階取引説」を紹介する。すなわち、一旦、子会社に当該土地を１億円で譲渡し、その後、6,000万円を子会社に贈与したケースと実質的に同じであるという考え方である。

《親会社》　（借方）　　　　　　　　　　　　　　（貸方）
①　　　　　現金　1億円　　／　土地　　　　2,000万円
　　　　　　　　　　　　　　／　土地譲渡益　8,000万円
②　　　　　寄附金6,000万円　／　現金　　　　6,000万円

上記仕訳の①と②を合わせると、親会社の仕訳②と同一になる。これが、「二段階取引説」である。

なお、法人税法では、会計上の処理と異なり、次のものは、二重課税、未実現利益、非費用の還付などの理由で「益金の額」には計上しない。

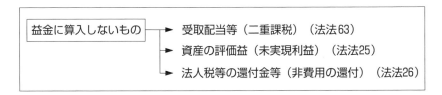

収益計上の時期については、発生主義（権利確定主義）を採用している。すなわち、所得金額の計算の基礎となる収入金額（益金の額）は、収入すべき権利が確定した事業年度において計上すべきであるとするものである。

その発生主義の例外として、次のものがある。

①　長期割賦販売等（法法63）
②　長期大規模工事の請負（法法64①、法令129①）
③　長期大規模工事以外の工事の請負（法法64②）

第3節 損金の額

　損金とは、法人税法22条3項において定められた法人税法において課税所得を導くための基礎となる法人税法の「固有概念」である。すなわち、損金とは、資本等の取引によるものを除いた法人の資産の減少をもたらす「原価（1号）」「費用（2号）」及び「損失（3号）」の額とされているように、これらの費用等を含む広い概念である。

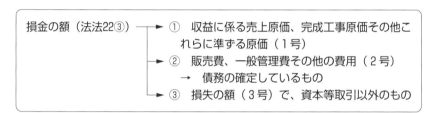

　これらの「原価」「費用」及び「損失」は、すぐれて会計上の用語であるので、以下、会計学上の意味内容を検討する。

1　原価（cost）

　原価は、製品の製造若しくは用役の提供のために費消された経済価値の消費額と定義される。シュマーレンバッハ（ドイツ）によれば、「原価」を原価計算上の固有概念として、損益計算上の「費用」と明確に区別すべきであると主張する。これに対して、アメリカでは、原価（cost）の用語は、原価計算のみならず、財務会計でも用いられ、財貨又は役務を購入した場合の支出額を意味している。

2　費用（expense）

　「収益－費用＝利益（損失）」で示される「損益法」における概念で、狭義としては、収益を獲得するためには、正常な経営活動によって費消された経済価値を貨幣額で表現したものである。費用の特徴は、「目的概念」にある

と解釈されるが、目的のない価値犠牲は、「損失（loss）」として区別されている。また、会計上の費用は、収益と対応（直接対応、間接対応）して、初めて費用となるので、「相対概念」ともいわれている。対応していない支出対価は「原価」（cost）として区別される。

広義の費用は、すべての経営活動によって費消された経済価値を貨幣額で表現したものが費用で、「包括主義」の費用である。これに対して、狭義の費用は、「当期業績主義」の費用といわれている。

3　損失（loss）

会計上、損失については、「利益の反対概念」又は「利得の反対概念」として使われている。利益の反対概念とは、「収益－費用＝損失」で示されるようなものである。利得の反対概念とは、通常の営業活動以外の取引によって被った損失で、臨時的な性格のものである。この損失には、次のものがある。

　　・販売用資産以外の資産の売却等　→　固定資産売却損、有価証券売却損等
　　・自然災害等　→　火災損失、風水害損失等
　　・その他　→　為替差損、貸倒損失、前期損益修正等

上記の会計上の概念を前提にすると、法人税法22条3項1号でいう「原価」とは、会計上の費用（直接対応）を意味し、同条同項2号の「費用」は、会計上の間接対応の費用と解するのが妥当である。すなわち、会計上の原価は、法人税法22条3項1号に規定する原価ではなく、むしろ、会計上の直接対応の費用と認識すべきであると考える。

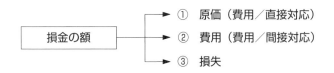

これらの費用等が損金として認められるためには、一般に「必要性」の要件を満たせば良く、「通常性」の要件は必要ないといわれている。なお、米国の損金（deduction）については、原則として「事業遂行のために通常かつ必要な費用（ordinary and necessary expenses）」かつ「合理的（reasonable）な金額」（IRC Sec. 212. Expenses for production of income）でなければならない。

4 債務確定主義

法人税法22条3項2号には、「債務の確定」との規定が示されているが、具体的には、法人税基本通達2-2-12（債務確定主義）で、「当該事業年度終了の日までに、次の①〜③までの要件を満たしていること」として、次の3つの要件を示している。

① 当該費用に係る債務が成立していること。
② 当該債務に基づいて具体的な給付すべき原因となる事実が発生していること。
③ その金額を合理的に算定することができるものであること。

5 損金経理

「損金経理」とは、法人がその確定した決算において費用又は損失として経理すること（法法2㉕）をいい、会計処理における企業の意思を表したものである。これは、「課税の安定性の要請」から「内部取引等における企業意思の明確化」を目的としている。また、損金経理は、法人に「会計上の処理」を求めていることから、税務行政の便宜的な側面をも有しているといえる。

なお、損金経理を税法が企業に要求することによって、企業会計に大きな影響を与える（企業会計を歪める）といった「逆基準性（基準性の原則の逆転）」の問題が生じる。

6　損金算入・損金不算入の規定と会計処理

①　売上原価（棚卸資産／法令28）

商品勘定

期首商品	売上原価	→ 損益計算書
当期仕入		
	期末商品	← 棚卸資産の評価（原価法・低価法）

※　原価法　→　個別法・先入先出法・総平均法・移動平均法・最終仕入原価法（法定評価法）・売価還元法

②　減価償却

減価償却とは、時の経過やその使用に伴って発生する固定資産の価値の減少分（減価償却費）を毎期一定のルールに基づき算出し、その算出額を固定資産の帳簿価額から減少させる会計技術であるが、その目的は、時の経過とともに価値の減少する固定資産の取得費用を有効期間内に適正に配分し、収益との対応を正確に計算することである。法人税法上、減価償却資産について償却費として損金の額に算入される金額は、償却費として損金経理をした金額のうち償却限度額に達するまでの金額とされている（法法31①）。

・減価償却方法　→　200％定率法・定額法・生産高比例法・リース期間定額法などがある。
・租税特別措置法　→　特別償却・割増償却
・資本的支出と修繕費（法令132）

③　引当金と準備金

「引当金」の損金算入が認められるのは、企業会計上「費用収益対応の原則」から、当期に発生した収益に関連する、その発生原因が当期に属し、その具体的な発生が次期以降に発生することから、当期に費用を見積もろうとするものである。一方「準備金」は、引当金が法人税法で規定されているのに対して、租税特別措置法でその積み立てが認められているもので、主として特定の政策目的のために設けられたもので、費用性よりも利益留保的性格が強い。

・引当金　→　見越費用・見越損失の計上

貸倒引当金（法法52）・返品調整引当金（法法53）
・準備金　→　18種類の準備金（特定の政策目的）

④ **役員給与等（法法34）**
・役員給与　→　・定期同額給与
　　　　　　　　・事前確定届出給与（会社法361）
　　　　　　　　・利益連動給与（同上）
・使用人兼務役員
・不相当に高額な役員給与　→　損金不算入
・隠ぺい・仮装による役員給与の支給　→　損金不算入
・特殊関係使用人に支給する不相当に高額な金額（法法36）
・経済的利益　→　役員給与
・役員退職給与　→　不相当に高額な部分は損金不算入
　　（計算式）退職時の月額給与×勤続年数×功績倍率
・分掌変更による役員退職給与支給（法基通9-2-32）
・ストック・オプション（法法54）

⑤ **寄附金**
　寄附金については、法人税法37条7項で「…寄附金の額は、寄附金、拠出金、見舞金その他いずれの名義をもつてするかを問わず、内国法人が金銭その他の資産又は経済的な利益の贈与又は無償の供与（広告宣伝見本品の費用その他これらに類する費用並びに交際費、接待費及び福利厚生費とされるべきものを除く…）をした場合における当該金銭の額若しくは金銭以外の資産のその贈与の時における価額又は当該経済的な利益のその供与の時における価額によるものとする」と規定している。

　寄附金の種類────イ　国又は地方公共団体に対する寄附金
　　　　　　　　　├──ロ　指定寄付金（赤い羽根募金等）
　　　　　　　　　├──ハ　特定公益増進法人に対する寄附金
　　　　　　　　　├──ニ　認定ＮＰＯ法人に対する寄附金等
　　　　　　　　　├──ホ　地域の再チャレンジ支援事業を行う民間会社
　　　　　　　　　　　　　等に対する寄附金
　　　　　　　　　└──ヘ　一般の寄附金

　　　　イ及びロ　→　全額損金算入
　　　　ハニ及びホ　→　一般寄附金の損金算入枠と寄附金の額のいずれか
　　　　　　　　　　　　少ない金額
・損金算入限度額（一般の寄附金）

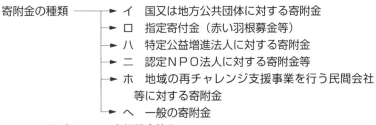

$$\left(\text{期末資本金等の額} \times \frac{2.5}{1,000} + \text{所得金額} \times \frac{2.5}{100}\right) \times \frac{1}{4}$$

・寄附金の現金主義

⑥ **交際費**

　法人税上の交際費等とは、「交際費、接待費、機密費その他の費用で、法人が、その得意先、仕入先その他事業に関係のある者等に対する接待、供応、慰安、贈答その他これらに類する行為のために支出するもの」（措法61の4④）をいう。

　平成26年度税制改正では、交際費課税制度について、その適用期限を2年間延長するとともに、消費の拡大を通じて経済の活性化を図ることを目的として、飲食のための支出（社内接待費を除く。）の50％を損金算入することができることになった。なお、当該飲食費については、平成18年度税制改正で導入された「交際費等から除かれる一人当たり5,000円以下の飲食費」と内容は、同じである。また、中小法人については、上記の処理と定額控除（800万円）との選択ができる。

⑦ **貸倒損失**

　売掛債権、貸付金その他の債権が現実に回収不能と認められるに至った場合には、法人税法22条3項3号に基づいて、貸倒れとして損金に算入することになる。貸倒れは、債権が回収不能になったかどうかの「事実認定の問題」であるところから、税務上、課税庁と納税者の間で、争うケースが多々みられる。法人税基本通達（9-6-1〜9-6-3）では、次の3つのケースに分けて、それぞれの取扱いを規定している。

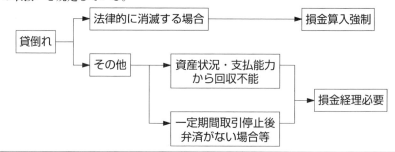

⑧ 圧縮記帳

　圧縮記帳とは、固定資産又は有価証券等に係る収益が発生した場合に、税法に定める一定の要件のもとに、これらの固定資産又は有価証券等の取得価額をその受贈益又は譲渡益相当額だけ圧縮して記帳することによって「圧縮損失」を計上し、その収益と損失を相殺して、その年度に係る所得を減少させる課税上の処理をいう。

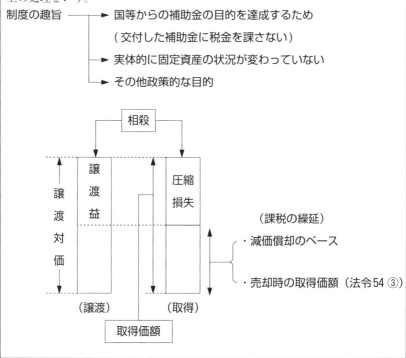

第4節　一般に公正妥当な会計処理

　法人税法22条4項は、各事業年度の所得の金額の計算をする場合の益金の額（同条2項）及び損金の額（同条3項）は、一般に公正妥当と認められる会計処理基準に従って計算されるものとしている。そして、これらの同条2項及び3項は、「別段の定め」を除いていることから、一般に公正妥当と認められる会計処理基準も「別段の定め」を除いたところで適用されることになる。また、一般に公正妥当と認められる会計処理基準とは、「客観的な規範性を持つ公正妥当と認められる会計処理の基準」という意味である。当時の税制調査会では、次のような答申がされた。すなわち、「課税所得は、納税者たる企業が継続して適用する健全な会計慣行によって計算する旨の基本規定を設けるとともに、税法においては、企業会計に関する計算原理規定は除外して、必要最少限度の税法独自の計算原理を規定することが適当である」と答申されている（税制調査会答申「税制の簡素化についての第一次答申」（昭和41.12））。この答申によって、法人税法22条4項の規定の趣旨は、税制の簡素化にあるとされている。

　その意味では、当時の法人税法は、企業会計を尊重して、会計に大きく依存することを宣言しているといえる。また、法人税法の体系そのものも、自己完結型の課税所得を想定せず、企業会計をベースとして「必要最低限の税法独自の計算原理」を導入することを考えていたのである。

　すなわち、下図のように、「企業利益」をベースとして、「別段の定め」（加算・減算）については、「第二次計算構造」として位置づけられる。そのために、「確定決算主義」が採用されたのである。

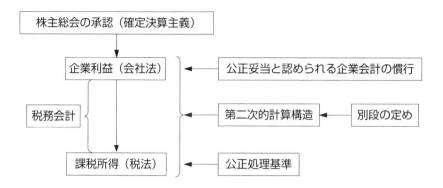

■ トライアングル体制（三つの会計制度）と会計処理基準等

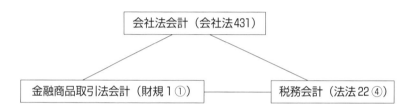

第5節　資本等取引

法人税法上の「資本等取引」には、次の取引がある（法法22⑤）。すなわち、「資本」＝①で、「等」＝②を示している。

① 法人の資本等の金額の増加又は減少を生ずる取引
② 法人が行う利益又は剰余金の分配

法人税法22条2項（益金の額）及び同条3項（損金の額）では、それぞれ資本等取引を除くとなっており、所得金額に影響されないということになっている。

会計上、「資本取引」（資本を直接的に増減させる取引）に対応する用語として「損益取引」がある。損益取引は、資本の利用（営業活動）によって生ずる取引で、その主たる内容は、収益及び費用の発生に関する取引である。

1　混合取引（損益取引＋資本取引）

① 自己株式取得
→　発行会社のレベル（資本等取引）株主のレベル（損益取引）

② デット・エクイティ・スワップ（Debt Equity Swap）
→　評価学説（混合取引）◀──▶券面学説
　　企業再建税制　→　評価学説を採用（法法59①②）

③ 現物配当
→　配当と資産の譲渡の混合取引

2　法人税法上の純資産

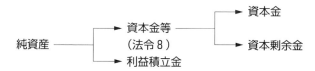

資本等取引の会計処理

① 1億円の新株を発行して、払込みを受け、そのうち6千万円を資本金に組み入れ、残額を資本準備金とした（有償増資）。

② 臨時株主総会の決議で、資本準備金5千万円を資本金に組み入れることにした（無償増資）。

③ 2千万円の無償減資を行い、欠損金に補填した（無償減資）。

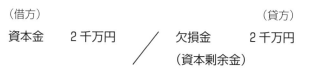

（注）　別表5⑴で、利益積立金と資本金等の額の調整が必要になる。

④ 資本金3千万円、資本準備金2千万円を取り崩して、減資を行い、株主に5千万円を払い戻した。資本準備金の中に、税務上の利益積立金1千万円が含まれている。

（借方）		（貸方）	
資本金	3千万円	現金預金	48百万円
資本準備金	2千万円	預り金	2百万円
［資本剰余金	1千万円		
利益積立金］	1千万円		

（注）　利益積立金の1千万円は、みなし配当になることから、20％の源泉所得税（1千万円×20％＝200万円）が発生する。

第6節　当期利益と所得金額

1　所得金額の計算プロセス

　法人税の課税標準は、「所得金額」である。この所得金額は、株主総会等で承認された「当期利益」から導かれる。すなわち、損益計算書の「当期利益」が下記のように法人税の確定申告書の「別表4」に導かれ、同表において、加算・減算され、「所得金額」が計算される。

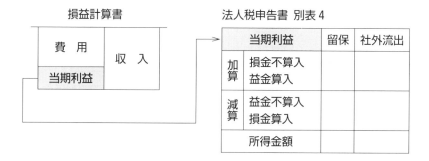

　法人税額は、「別表1」で、下記のように法人税率が乗じられ、算出される。

別表1　所得金額　×　法人税率　=　法人税額

　また、法人の地方税（都道府県民税・市町村民税）の課税標準は、法人税額である。ただし、法人の事業税は、下記のように所得金額を課税標準としている。

```
（道府県民税）
道府県民税 → [法人税額] × 税率 ＝ 道府県民税額

事業税    → [所得金額] × 税率 ＝ 税額

（市町村民税）
市町村民税 → [法人税額] × 税率 ＝ 市町村民税額
```

2 法人税の申告と納付

　法人税の申告と納付については、原則として、事業年度の終了日の翌日から2月以内に、確定決算に基づく申告書を提出し、納付しなければならない（法法74、77）。

　会計監査を受けなければならない等の理由のある場合には、1月延長される（法法75の2）。

　事業年度が6月を超える場合には、その事業年度の開始の日以後6月以内に、中間申告書を提出しなければならない（法法71）。なお、中間申告には、前期分の税額を基礎とする中間申告と、仮決算をした場合の中間申告がある。前者を「予定申告書」、後者を「中間申告書」と呼んでいる。

[問題]

1　法人税法22条と法人税法74条について説明し、2つの条文の関係を論じなさい。
2　甲法人が時価100のA土地（甲法人の取得価額10）を現金40で、乙法人に譲渡した。法人税法22条2項を適用した場合の甲法人及び乙法人の「仕訳」を示しなさい。
3　資本等取引は、何故、益金の額又は損金の額から除かれるのですか。
4　損金経理と逆基準性について述べなさい。
5　混合取引（損益取引＋資本取引）について説明しなさい。

第12章

会計監査

第1節　会計監査の必要性

　会計監査（financial audit, auditing）とは、経営者（企業）の作成した財務諸表が、一般に公正妥当と認められる企業会計の基準に準拠して、企業の「財政状態」、「経営成績」及び「キャッシュ・フローの状況」を全ての重要な点において適正に表示しているかどうかについて、監査人（公認会計士）自ら入手した監査証拠に基づいて判断した結果を意見として表明することである。

　所有と経営が分離した企業の経営者は、企業の所有者である株主からその企業の経営を付託されているため、株主に対して受託した事業の成果（成績）について、事業報告や財務報告など一定の報告を株主に行い、株主に対して受託責任（accountability）を果たさなければならない。

経営者の受託責任

```
                企業経営の付託
  ┌─────┐  ←─────────────  ┌─────┐
  │経営者│                        │ 株主 │
  └─────┘  ─────────────→  └─────┘
                受託責任 (accountability)
```

　また、企業の経営活動に必要な資金調達の手段として、増資又は社債発行による「直接金融」や銀行からの借入金による「間接金融」によることがある。投資家が増資に応じるか、また銀行は融資を実行してよいかの判断には、経営者が提出した財務諸表に頼らざるをえない。この財務諸表の報告内容に虚偽の表示など財務諸表に信頼性が欠けると、経営者の能力を株主が正当に判断することができなくなり、あるいは、投資家や銀行の融資判断を誤らせることになる。たとえ、経営者が財務諸表は適正に作成されていると主張しても十分な説得力を持つものではない。それ故に、独立性を有した監査人による判断（意見）、すなわち財務諸表監査が求められるのである。財務

諸表の表示が適正である旨の監査人の意見（適正意見）には、財務諸表には、全体として重要な虚偽表示がないということについて、合理的な保証を得たとの監査人の判断を含んでいる。

証券市場と監査

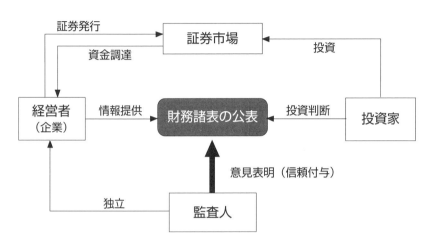

> Advance ▶ 二重責任の原則
>
> 　監査基準では、監査の目的を、「経営者の作成した財務諸表が、一般に公正妥当と認められる企業会計の基準に準拠して、企業の財政状態、経営成績及びキャッシュ・フローの状況をすべての重要な点において適正に表示しているかどうかについて、監査人が自ら入手した監査証拠に基づいて判断した結果を意見として表明すること」としている。経営者は企業情報の適正な開示や財務諸表の作成に責任を負い、監査人は経営者が作成した財務諸表が適正であるかについて表明した監査意見に責任を負う。これが「二重責任の原則」である。

第2節　監査の分類

1　監査対象の相違による分類

会計監査	会社の財産の増減等に係る会計記録、財務報告、会計組織、会計行為を監査する。公認会計士又は監査法人による財務諸表監査が代表的な会計監査である。
業務監査	会計以外の会社の業務や経営活動の正当性、合理性、準拠性等を対象とする監査で、監査役による取締役の業務執行状況の監査(会社法436①)がこれに該当する。

2　監査の根拠が法律で強制されているか否かの分類

法定監査	法律によって監査を受けるべきことが規定されているもので、会社法の規定に基づいて行う計算書類等の監査(会社法436②一)や、金融商品取引法による財務諸表監査(金商法24、193の2①)が代表的なものである。これは、強制監査で監査が実施される範囲や項目、監査報告の要件などが法令によって規定されることが多い。
任意監査	法律上の強制はなく、監査の目的も内容も監査の依頼人と監査人との間の合意(契約)によって、任意に決められて実施される監査をいう。企業のM&Aに当たって適正な企業価値評価のためなど特定の目的のため、経営者の判断により実施される。

3　監査人が監査対象事業体の内部の者か外部の者かによる分類

外部監査	金融商品取引法による財務諸表監査や会社法による会計監査人の監査をいい、監査対象企業に属さない監査人による監査をいう。
内部監査	企業内のトップマネジメント(経営者)に直結した内部監査部門による監査をいい、経営効率向上の為や業務の執行等の適法性、準拠性等を検証することが多い。

4　監査実施時期による分類

期中監査	内部統制監査、期中取引試査
期末監査	決算期の財務諸表項目の監査

第3節　我が国の監査制度

1　会社法による監査

　会社法は、すべての株式会社に対して計算書類等の作成（会社法435②）と、株主に向けて開示を義務付けている（会社法437）。また、年に1回株主総会を開催し、計算書類等による決算を報告し、それらの承認を得なければならない（会社法438）。

　会社法では、会社の規模や機関設計の形態により、監査役（又は監査役会）を設置した株式会社では監査役（監査役会）による監査が必要である（会社法436①②）。また、大会社（資本金5億円以上又は負債総額200億円以上）など会計監査人設置会社の計算書類等は監査役（監査役会）による監査に加えて、会計監査人による計算関係書類の会計監査を受ける必要がある（会社法436②一、二）。

　監査役（監査役会）は、会社法上の事業報告の監査を自ら実施すると共に、計算関係書類については会計監査人の監査結果が相当であるかどうか判断した上で、事業報告及び計算関係書類に双方に関する監査報告書を作成する。金融商品取引法上の（連結）財務諸表に対する監査は、公認会計士又は監査法人が監査し、監査役に監査する義務はない。

> **Advance ▶ 指名委員会等設置会社（旧：委員会設置会社）**
>
> 　会社法で認められている株式会社の機関設計の一つ。取締役会の内部に「指名委員会」（取締役の選任、解任に関する議案の決定）、「報酬委員会」（取締役、執行役の各人別報酬額の決定）及び「監査委員会」（取締役、執行役の職務執行の監査、会計監査人の選任・解任に関する議案の決定）を置く株式会社である。各委員会は3人以上の取締役からなり、過半数は社外取締役で構成される。業務執行については執行役に委ね、株式会社の執行と監督を分離し、経営の合理化と適正化を図るものであり、米国の会社制度に習ったものである。ここでは監査役（会）に代えて、監査委員会が会社法監査を行う。

監査等委員会設置会社

　平成26年会社法の改正で、「監査等委員会設置会社」制度が導入された。そこでは、監査役会設置会社の監査役に取締役会決議事項に議決権を与え、指名委員会等設置会社から指名委員会・報酬委員会を取り去った制度の会社である。

2　金融商品取引法による監査

　金融商品取引法では、企業内容等の開示の制度（ディスクロージャー制度）を整備し、有価証券の発行会社による虚偽情報や不十分な情報開示で投資家など利害関係者が損害を被らないように努めている。また、企業が作成した財務諸表は、その企業から独立した公認会計士又は監査法人によって監査証明を受けなければならない（金商法193の2①）とし、財務諸表の信頼性の保証を監査に求めている。

　金融商品取引法が適用される企業は、1億円以上の有価証券を発行するために届出をする企業（有価証券届出書提出会社）（金商法4①）金融商品取引所に有価証券を上場している企業、株主数が1,000名以上の企業（有価証券報告書提出会社）（金商法24①）などである。

第4節　監査の基準

1　「監査の基準」の意義

　公認会計士又は監査法人が行う財務諸表監査は、一般に公正妥当と認められる監査の基準（GAAS: generally accepted auditing standards）に準拠して実施される。この監査の基準は、会社法における会計監査にも、金融商品取引法適用会社の財務諸表監査にも適用されるもので、我が国の監査の拠りどころとなるものである。

　我が国の「GAAS」は、次の基準等を指している。

我が国のGAAS

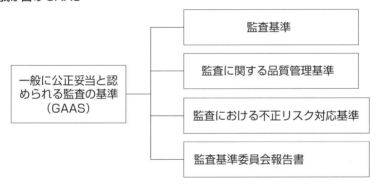

2　監査基準

　「監査基準」とは、企業会計審議会において、公正妥当と認めた公認会計士による財務諸表監査に関する一般的な基準で、公認会計士の資質、独立性要件、業務上守るべき事項、監査実施や監査報告に当たっての基本原則を定めたものである。

　その前文に「監査基準は、監査実務の中に慣習として発達したもののなかから、一般に公正妥当と認められたところを帰納要約した原則であって、職業的監査人は、財務諸表の監査を行うに当り、法令によって強制されなく

とも、常にこれを遵守しなければならない。」と記載されている。

　監査基準は、「監査の目的」、「一般基準」、「実施基準」及び「報告基準」の４つから構成されている。

　監査の目的では、財務諸表監査の信頼性を確保し、財務諸表監査に関する監査人の理解と利害関係者の期待との間にあるギャップ（期待ギャップ）を縮小しようとしている。また、一般基準は、監査人の人的条件と、監査人が監査を行う際の業務規範について規定している。

3　監査に関する品質管理基準

　「監査に関する品質管理基準」は、監査基準と一体として適用されるものであり、財務諸表の監査を実施する監査事務所及び監査実施者に、監査業務の「品質」を合理的に確保することを求めた基準である。監査事務所は、この基準に準拠して監査事務所独自の品質管理の関する責任、職業倫理と独立性、監査契約の新規締結と更新、監査実施者の採用、教育訓練、評価及び選任、監査業務の実施と審査体制に関する方針と手続を定める。個々の公認会計士はそれを遵守しなければならない。

4　監査における不正リスク対応基準

　「監査における不正リスク対応基準」は、経営者による不正に起因する財務諸表の虚偽表示を監査人が見過ごさないよう、不正リスクの対応した監査手続をより慎重に実施することを求めた基準である。この基準の背景には、最近の会計不祥事事件がある。この基準の内容は、職業的懐疑心の堅持と発揮、不正リスクに対応した監査の実施、不正リスクに対応した監査事務所の品質管理から構成され、上場企業等の財務諸表監査に平成26年３月期に係る財務諸表監査から適用される。

> **Advance** ▶ オリンパス事件
>
> 　オリンパス株式会社は、バブル崩壊時に多額の損失を出したが、歴代の会社首脳はそれを知りつつ公表していなかった。例を見ない長期にわたる「損失隠し」を会計処理するために、平成20年実態とかけ離れた高額による企業買収を行い、それを投資失敗による特別損失として計上して減損処理し、本当の損失原因を粉飾しようとしたのである。損失隠しを実行した当時の経理責任者はその後監査役に就任しており、事実隠蔽に加担し、社外監査役も機能していなかった。また、会計不正の問題発覚時に監査人は「あずさ監査法人」から「新日本監査法人」に交代しているが、金融庁は、両法人間の引き継ぎについて、「監査で把握された問題点が的確に引き継がれていなかった」と指摘した。

5　監査基準委員会報告書

　監査基準の前文において、監査基準を具体化した実務的・詳細な規定については日本公認会計士協会(JICPA)に委ねられている。これを受けてJICPAが作成した監査実務指針などが「監査基準委員会報告書」(監基報)として体系的に編纂・公表され、一般に公正妥当と認められる監査の基準の一部を構成している。その内容は、監査の国際化を背景に、国際会計士連盟(IFAC : International Federation of Accountants)が発表する国際監査基準(ISA: International Standards on Auditing)と同レベルのものとなっている。

第5節 監査人

　財務諸表監査は、監査人が行う。会社法監査において会計監査を行う機関として「会計監査人」を定め、会計監査人の資格は、公認会計士又は監査法人とされている（会社法337）。金融商品取引法においても、財務諸表には公認会計士又は監査法人の監査証明が義務付けられている（金商法193の2①）。

1　公認会計士と監査法人

　公認会計士（CPA; Certified Public Accountant）とは、他人の求めに応じ報酬を得て、財務諸表の監査又は証明等を業とする（公認会計士法2）ことを国が認めた専門家のことである。公認会計士となるためには、公認会計士試験に合格し、日本公認会計士協会（JICPA）に登録しなければならない。

　監査法人とは、財務諸表の監査業務を組織的に行うことを目的として、5人以上の公認会計士が共同して設立した法人のことをいう。監査対象企業の大規模化、国際化、複雑化に対応して、個々の公認会計士の単独監査では必要かつ十分な監査の実施が容易ではなく、また監査人に求められている独立性を堅持するためにも、監査法人制度が制定された。

> **Advance ▶ 監査法人制度の背景には山陽特殊製鋼倒産事件**
>
> 　山陽特殊製鋼（東証1部）は昭和40年3月10日を支払期日とする18億4千万円の約束手形の支払い見込みがないとして会社更生法の適用申請し、事実上倒産、その後粉飾決算が発覚した。会社は昭和39年5月までの5期（当時は6ヶ月決算）、売上の水増し、売上原価の過少計上により、約71億円の利益を過大計上していた。同社の取締役、監査役及び監査を実施した公認会計士に有罪判決が下された（神戸地裁昭53.12.26判決／商事法務829号25頁）。本件は、大蔵省が証券取引法で告発した最初の事件である。
>
> 　この事件を契機に、個人の公認会計士監査に限界があるとして組織的な公認会計士の法人化が検討され、監査法人が昭和41年6月の公認会計士法改正に

よって創設された。

2　監査人の要件

監査基準では、一般基準で監査人の人的資質と要件について次のように規定されている。

(1)　職業的専門家

監査人は、職業的専門家として、その専門能力の向上と実務経験などから得られる知識の蓄積に常に努めなければならない。公認会計士になるための試験、実務補習所での研修と修了試験、公認会計士になってからも年間40単位以上所定時間の継続的専門研修制度（CPE：Continuing Professional Education）が義務付けられている。

(2)　監査人の独立性

監査人は、監査を行うに当たって、常に公正不偏の態度（精神的独立性）を保持し、独立の立場を損なう利害や独立の立場に疑いを招く外観を有してはならない（外観的独立性）。具体的には、監査人は役員・株主・債権者として被監査会社との間に経済的利害関係がないこと、親族関係を通じて被監査会社と身分関係がないこと、企業から公認会計士業務以外の業務により継続的な報酬を得ていないことなどが求められている。外観的独立性を害する著しい利害関係がある場合には、監査人は当該会社に係る監査業務を行なってはならない（公認会計士法24）。

> **Advance**　エンロン事件とアーサーアンダーセン
>
> 米国総合エネルギー企業のエンロンは、巨額の不正経理・不正取引による粉飾決算が明るみに出て、2001年12月に破綻に追い込まれた。粉飾決算と損失隠しに当時の監査人アーサーアンダーセンのコンサルティング部門が大きく関与しており、SEC当局によるアーサーアンダーセンの検査時に監査調書を破棄した事実も判明。世界的規模のアーサーアンダーセンは崩壊した。このエンロン事件は、監査と監査人に対する不信感をもたらし、これが世界的な市場不況を引き起こした。このため、日本を含む各国政府は、監査業務とコンサルティ

ング業務との関係に見られる監査人の独立性要件を見直し、監査の方法と品質管理体制の改善、行政監視体制の設立などの改革が行われた。

(3) 正当な注意と職業的懐疑心

　監査人は、職業的専門家としての正当な注意を払い、懐疑心を保持して監査を行わなければならない。職業的専門家としての正当な注意とは、職業的専門家一般に当然と期待される注意（due professional care）のことで、「善良なる管理者の注意」（民法644）に相当すると考えられている。また、職業的懐疑心（skepticism）は、財務諸表を作成する経営者は誠実であるかどうかについて予断を持ってはならず、財務諸表が粉飾されているかもしれないおそれを常に意識する心構えのことである。不正リスク対応基準では、職業的懐疑心が特に強調されている。

(4) 守秘義務

　監査人は、業務上知り得た事項を正当な理由なく他に漏らしてはならないし、又は窃用してはならない。

3　監査人の責任

　監査人が経営者の不正を見抜けず虚偽記載の財務諸表に対して、適正意見の監査報告書を提出した場合には監査人は、その財務諸表および監査報告書を信頼して有価証券を取得した者に対して、損害賠償責任を負わなければならない（金商法21、22、24の4）。投資家等の第三者が監査人の責任を追及する場合には、第三者は、自らに損害が生じたこと、監査人の任務懈怠がその損害を引き起こしたことの2点を立証すればよい。

　一方、監査人は職業的専門家としての正当な注意を払って監査を実施し、職務上故意または過失がなかったことを立証しなければ責任を免れない。ただし、正当な注意を払ったにもかかわらず、被監査会社の巧妙な操作によって財務諸表の粉飾を見抜けなかったことを立証した場合には、損害賠償責任は免れる（金商法21②一、会社法429②）。

第6節 監査の実施

1 監査リスク・アプローチ

　監査人は、監査リスクを合理的に低い水準に抑えるために、財務諸表における重要な虚偽表示のリスクを評価し、発見リスクの水準を決定するとともに、監査上の重要性を勘案して監査計画を策定し、これに基づき監査を実施しなければならない（監査基準／実施基準／基本原則1）。この手法が監査リスク・アプローチである。重要な虚偽表示のリスクの可能性が高い事項に重点的に監査資源（監査人員や監査時間）を充てることで、効果的かつ効率的な監査ができるという監査手法である。

2 不正リスクへの対応

　財務諸表監査の目的は、財務諸表の適正表示に関する監査人の意見表明であり、必ずしも不正誤謬の発見ではない。しかしながら、監査人は、財務諸表の利用者に対する不正な報告あるいは資産流用の隠蔽を目的とした重要な虚偽表示が、財務諸表に含まれている可能性を考慮しなければならない。また、違法行為が財務諸表に重要な影響を及ぼす場合があることにも留意しなければならない（監査基準／一般基準4）。

3 監査計画と監査実施

　監査人は、リスク・アプローチに基づいて、監査の基本方針や監査実施上の要点（監査実施日、監査要点、監査手続と範囲、監査実施場所、監査担当者、予定時間など）を記載した監査計画を策定する。
　監査手続には、実査、立会、確認、証憑突合、閲覧、計算調べ、勘定分析、質問などの監査手法があり、これらを試査により実施され、監査証拠が集められる。

> **Advance** 主な監査手続
>
> 実査： 監査人自らが現金、手形などの資産の現物を実際に確かめる手続
> 立会： 会社が実施する棚卸資産の実地棚卸の現場や固定資産の現物調査の現場に監査人が赴き、その実施状況を観察する手続
> 確認： 監査人が会社の取引先などの第三者に対して文書（確認状）により問合せを行い、その回答を直接入手し評価する監査手続。売掛金の残高確認などに利用する。

4 監査調書

　監査人は、監査計画及びこれに基づき実施された監査の内容並びに判断の過程及び結果を記録し、監査調書として保存しなければならない（監査基準／一般基準5）。

5 品質管理と補助者の指導監督

　監査人は、自らの組織として、すべての監査が一般に公正妥当と認められる監査の基準に準拠して適切に実施されるために必要な品質管理の方針と手続きを定め、これらに従って監査が実施されていることを確かめなければならい（監査基準／一般基準6）。

　また、監査人は監査を行うに当たって、品質管理の方針と手続に従い指揮命令系統や職務分担を明らかにし、当該監査に従事する補助者に対して適切な指示、指導・監督を行わなければならない（監査基準／一般基準7）。

第7節　監査報告

1　監査報告書

　金融商品取引法に基づく個別財務諸表に対する無限定適正意見の監査報告書の例示は次のとおり。

<u>独立監査人の監査報告書</u>

平成26年x月x日

○○株式会社
取締役会　御中

　　　　　　　　　　　　　　　○○監査法人
　　　　　　　　　　　　　　　　指定社員・業務執行社員　公認会計士　○○○○㊞
　　　　　　　　　　　　　　　　指定社員・業務執行社員　公認会計士　○○○○㊞

　当監査法人は、金融商品取引法第193条の2第1項の規定に基づく監査証明を行うため、「経理の状況」に掲げられている○○株式会社の平成x年x月x日から平成x年x月x日までの第x期事業年度の財務諸表、すなわち、貸借対照表、損益計算書、株主資本等変動計算書、キャッシュ・フロー計算書、重要な会計方針、その他の注記及び付属明細表について監査を行った。

財務諸表に対する経営者の責任
　経営者の責任は、我が国において一般に公正妥当と認められる企業会計の基準に準拠して財務諸表を作成し適正に表示することにある。これには、不正又は誤謬による重要な虚偽表示のない財務諸表を作成し適正に表示するために経営者が必要と判断した内部統制を整備及び運用することが含まれる。

監査人の責任
　当監査法人の責任は、当監査法人が実施した監査に基づいて、独立の立場から財務諸表に対する意見を表明することにある。当監査法人は、我が国において一般に公正妥当と認められる監査の基準に準拠して監査を行った。監査の基準は、当監査法人に財務諸表に重要な虚偽表示がないかどうかについて合理的な保証を得るために、監査計画を策定し、これに基づき監査を実施することを求めている。
　監査においては、財務諸表の金額及び開示について監査証拠を入手するための手続が実施される。監査手続は、当監査法人の判断により、不正又は誤謬による財務諸表の重要な虚偽表示のリスクの評価に基づいて選択及び適用される。財務諸表監査の目的は、内部統制の有効性について意見表明するためのものではないが、当監査法人は、リスク評価の実施に際して、状況に応じた適切な監査手続を立案するために、財務諸表の作成と適正な表示に関連する内部統制を検討する。また、監査には、経営者が採用した会計方針及びその適用方法並びに経営者によって行われた見積りの評価も含め全体としての財務諸表の表示を検討することが含まれる。
　当監査法人は、意見表明の基礎となる十分かつ適切な監査証拠を入手できたと判断している。

監査意見
　当監査法人は、上記の財務諸表が、我が国において一般に公正妥当と認められる企業会計の基準に準拠して、○○株式会社の平成x年x月x日現在の財政状態並びに同日をもって終了する事業年度の経営成績及びキャッシュ・フローの状況をすべての重要な点において適正に表示しているものと認める。

利害関係
　会社と当監査法人又は業務執行社員との間には、公認会計士法の規定により記載すべき利害関係はない。

以　上

2 監査意見

「監査意見」の区分に、監査人が監査を実施した結果について、監査人は、経営者が作成した財務諸表が、一般に公正妥当と認められる企業会計の基準に準拠して、企業の財政状態、経営成績及びキャッシュ・フローの状況をすべての重要な点において適正に表示しているかどうかについて意見を表明しなければならない（監査基準／報告基準／基本原則１）。

監査意見の種類

無限定適正意見	財務諸表が全ての重要な点において適正に表示していると認められると判断した場合になされる。
限定付き適正意見	経営者が採用した会計方針の選択及び適用方法、財務諸表の表示方法に関して不適切なものがあり、その影響がある程度重要ではあるものの、財務諸表を全体として虚偽表示に当たるとするほどではないと判断した場合、除外事項を付した限定付適正意見が表明される。この場合、除外事項の内容及びその影響について監査報告書上別に区分を設けて記載される。
不適正意見	除外事項の及ぼす影響が財務諸表全体として虚偽表示に当たるとするほどに重要であると判断した場合、不適正意見が表明される。この場合、別区分を設け、不適正である理由を記載する。
意見不表明	監査範囲に制約があって重要な監査手続が実施できなかったことにより、財務諸表全体に対する意見表明のための基礎を得ることができなかった場合には、意見を表明してはならない。この場合、別区分を設けて、財務諸表に対する意見を表明しない旨、その理由を記載する。

[問題]

1 会計監査の必要性について述べなさい。

2 監査の種類を列挙しなさい。

3 二重責任の原則について述べなさい。

4 公認会計士は、なぜ、精神的・外観的な独立性が要求されるのですか。

【参考文献】

- 醍醐聰『会計学講義（第4版）』（東京大学出版会）
- 神戸大学会計学研究室『会計学基礎論（第四版／補訂版)』（同文舘出版）
- 藤井則彦・山地範明『ベーシックアカウンティング（改訂版）』（同文舘出版）
- 新井清光・川村義則『新版現代会計学』（中央経済社）
- 倉田三郎・藤永弘編『現代会計学入門』（同文舘出版）
- 清永敬次『税法（第七版）』（ミネルヴァ書房）
- 武田隆二『会計学一般教程（第7版）』（中央経済社）
- 武田隆二『最新財務諸表論（第11版）』（中央経済社）
- 伊藤邦雄『ゼミナール現代会計入門（第8版）』（日本経済新聞出版社）
- 西村明・大下丈平編『ベーシック管理会計』（中央経済社）
- 永野則雄『ケースブック会計学入門（第3版）』（新世社）
- 奥村陽一『新入門アカウンティング（第2版）』（文理閣）
- 中田信正『税務会計要論（新訂版)』（同文舘出版）
- 武田隆二『法人税法精説（平成17年版）』（森山書店）
- 内藤文雄「財務諸表論ミドルクラス」（税務経理協会）
- 日本公認会計士協会『会計監査六法（平成26年版)』（日本公認会計士協会出版局）
- 広瀬義州『財務会計（第11版）』（中央経済社）
- 千代田邦夫『新版会計学入門』（中央経済社）
- 鈴木豊『忘れちゃならない経理の作法――フローチャート思考術』（中央経済社）
- 有限責任監査法人トーマツ『実務解説退職給付会計改正基準での退職給付会計・退職給付債務への対応』（清文社）
- 千代田邦夫『闘う公認会計士』（中央経済社）
- 内藤文雄『会計学エッセンス』（中央経済社）
- 宇澤亜弓『財務諸表監査における不正対応』（清文社）
- Horngren, Harrison, Oliver "Accounting" ninth edition（Pearson）
- FASB "Accounting Standards Codification" 2014
- 長谷川茂男『米国財務会計基準の実務（第7版）』（中央経済社）
- IASB "International Financial Reporting Standards" 2014
- 長谷川茂男『表解 IFRS 会計講義』（中央経済社）
- 広瀬義州『新版 IFRS 財務会計入門』（中央経済社）
- 秋葉賢一『エッセンシャル IFRS（第3版)』（中央経済社）
- 新日本有限責任監査法人『完全比較　国際会計基準と日本基準（第2版）』（清文社）
- 日本公認会計士協会『監査実務ハンドブック（平成27年版）』（日本公認会計士協会出版局）
- 山浦久司『会計監査論』（中央経済社）
- 羽藤秀雄『公認会計士法』（同文舘出版）

索 引

あ

IAS1　*15、181*
IFRS概念フレームワーク　*186*
アップ・ストリーム　*171*
後入先出法　*27*
アドプション　*183*
安全性分析　*140*

い

意見不表明　*230*
意思決定会計　*119*
一行連結　*175*
一時差異　*97*
1年基準　*18、44*
一般債券　*22*
一般に公正妥当と認められる会計処理基準　*208*
一般に公正妥当と認められる監査の基準　*221*

う

受取手形　*23*
打歩（うちぶ）発行　*47*
売上原価　*26、88*
売上高利益率　*148*
売上債権回転率　*149*
売掛債権　*22*

え

営業外収益　*91*
営業外費用　*91*
営業活動によるキャッシュ・フロー　*108*
営業収益　*88*
営業損益　*88*
営業損益計算区分　*88*
営業費用　*88*
影響力基準　*173*
永久差異　*97*
益金の額　*198*

お

オペレーティング・リース取引　*38*
親会社説　*157*

か

外貨建取引等会計処理基準　*91*
開業費　*37*
会計監査　*216、218*
会計監査人　*219*
概念フレームワーク　*185*
開発費　*37*
外部監査　*218*
確定決算主義　*195*
確定債務　*46*
過去勤務費用　*55*
貸倒懸念債権　*22*
貸倒見積高　*22*
貸倒実績率法　*23*

活動性分析　*149*
株式交付費　*37*
株主資本　*62*
株主資本等変動計算書　*75*
貨幣性資産　*20*
監査意見　*230*
監査基準　*221*
監査基準委員会報告書（監基報）*223*
監査計画と監査実施　*227*
監査証明　*220*
監査調書　*228*
監査等委員会設置会社　*220*
監査における不正リスク対応基準　*222*
監査に関する品質管理基準　*222*
監査人　*216*、*224*
監査人の責任　*226*
監査人の独立性　*225*
監査報告書　*219*、*229*
監査法人　*224*
監査リスク・アプローチ　*227*
監査役　*219*
勘定式　*100*
間接法　*111*
管理会計　*5*、*118*
関連会社　*173*
関連会社の範囲　*173*

き

機会原価　*123*
企業会計基準委員会（ASBJ）　*181*

企業会計原則　*11*
キャッシュ・フロー計算書（C/F）　*106*
キャッシュ・フロー分析　*145*
業績評価会計　*119*
業務監査　*218*
金銭債権　*22*
金融商品取引法　*9*

く

偶発債務　*59*
区分表示の原則　*86*
繰越欠損金　*98*
繰越利益剰余金　*66*
繰延資産　*69*
繰延税金資産　*96*
繰延税金負債　*96*
繰延法　*99*

け

経営者　*138*
経済的実体　*154*
経済的単一体説　*157*
計算関係書類　*219*
経常損益　*91*
原価計算　*120*
原価計算基準　*11*
減価償却　*30*
減価償却の修正　*32*
原価配分の原則　*30*
現金　*23*、*108*
現金及び現金同等物　*106*、*108*
現金及び預金　*22*

現金主義　*84*
現金同等物　*108*
現在価値　*20*
減損会計　*33*
限定付き適正意見　*230*
現物出資　*29*

こ

交換　*29*
公正価値　*21*
公正価値測定　*188*
公認会計士　*224*
合理的な見積額　*46*
子会社株式及び関連会社株式　*24*
子会社の範囲　*158*
国際会計基準（IAS）　*181*
国際財務報告基準（IFRS）　*181*
固定資産　*18*、*29*、*145*
固定資産の減損　*33*
固定性配列法　*15*
固定長期適合率　*145*
固定比率　*145*
固定負債　*44*
個別原価計算　*125*
個別財務諸表　*154*
個別法　*27*
混合取引　*210*
コンバージェンス　*183*

さ

債権債務の消去　*166*
債権者　*138*

財産法　*82*
最終仕入原価法　*27*
財政状態計算書　*14*
財務会計　*4*
債務確定主義　*203*
債務額　*46*
財務活動によるキャッシュ・フロー　*108*、*109*
財務諸表監査　*216*
債務でない負債　*46*
債務保証損失引当金　*59*
差額原価　*123*
先入先出法　*27*
残存価額　*31*

し

仕入債権回転率　*149*
CFO対負債比率　*146*
CFO対流動負債比率　*146*
CVP分析　*132*
時価　*20*
時価を把握することが極めて困難と認められる有価証券　*25*
事業報告　*219*
資金運用　*80*
資金調達　*80*
自己株式　*67*
自己金融効果　*31*
自己資本　*14*
自己資本比率　*145*
資産　*18*、*62*
資産除去債務　*57*

資産負債アプローチ　186
資産負債法　97、99
実現主義　84
実現主義の原則　88
実数分析　139
実地棚卸法　26
支配従属関係　154
支配力基準　158
支払手形　23
資本　62
資本金　65
資本準備金　65
資本的支出　30
資本等金額　69
資本等取引　197、210
資本利益率　148
指名委員会等設置会社　219
社債　47
社債発行費(含.新株予約権発行費)　37
収益　81
収益性分析　140、147
収益的支出　30
収益・費用の計上基準　84
収益費用アプローチ　186
取得原価　20、29、31
守秘義務　226
純資産　62
純損益　80
使用価値　33
償却　34
償却原価法　24
償却原価法－定額法　49

償却原価法－利息法　47
条件付債務　46
少数株主持分　164
情報提供機能　2
正味売却価額　33
将来加算一時差異　97
将来減算一時差異　97
剰余金概念　68
剰余金の分配　68
職業的専門家　225
所有権移転リース　39
所有権移転外リース　39
新株式申込証拠金　65
新株予約権　71

す

数理計算上の差異　55
ストック・オプション　72

せ

税効果会計　94、95
生産高比例法　32
正常営業循環過程　18、44
製造間接費　121
製造直接費　121
成長性・趨勢分析　143
正当な注意と職業的懐疑心　226
製品別計算　124
全額消去・持分比率負担方式　172
前期損益修正　93
全部純資産直入法　24
全面時価評価法　165

そ

総額主義の原則　*86*
総合原価計算　*126*
総資本回転率　*149*
創立費　*37*
贈与　*29*
その他資本剰余金　*65*
その他の包括利益　*56*
その他の包括利益累計額　*63*
その他有価証券　*24*
その他有価証券評価差額金　*71*
その他利益剰余金　*66*
ソフトウェア制作費　*35*
損益計算書（P/L）　*80*
損益分岐点　*132*
損益法　*82*、*83*
損金経理　*203*

た

貸借対照表（B/S）　*14*
貸借対照表等式　*14*、*62*
退職給付債務　*54*
退職給付に係る資産　*56*
退職給付に係る負債　*56*
退職給付引当金　*53*、*55*
耐用年数　*31*
ダウン・ストリーム　*171*
棚卸資産　*25*
棚卸資産回転率　*149*
棚卸方法　*26*
他人資本　*14*、*44*
単体財務諸表　*154*

ち

遅延認識　*56*
中小企業の会計に関する指針　*12*
帳簿価額の切り下げ　*28*
直接原価計算　*131*
帳簿棚卸法　*26*
直接法　*111*

て

定額法　*31*
定率法　*31*
適正意見　*217*

と

東京合意　*181*、*183*
当座比率　*145*
当座預金　*23*
投資家　*138*
投資活動によるキャッシュ・フロー　*108*、*109*
投資その他の資産　*35*
投資と資本の消去　*161*
特殊原価　*123*
特別損益　*93*
特別損失　*93*
特別利益　*93*
取引先　*138*

な

内部監査　*218*

に

二重責任の原則　*217*
日本公認会計士協会（JICPA）　*224*
日本版修正国際基準（JMIS）　*181*
任意監査　*218*
任意積立金　*66*

ね

年金資産　*55*

の

のれん　*35*、*69*、*162*、*163*
のれん等調整額　*69*

は

売価還元法　*27*
売買目的有価証券　*24*
破産更生債権等　*22*
発生主義　*84*
発生損失モデル　*189*
バランスシート（B/S）　*14*
販売基準　*88*
販売費及び一般管理費　*88*
半発生主義　*84*

ひ

比較財務諸表　*10*
非貨幣性資産　*20*
引渡基準　*88*
引当金　*51*
非原価項目　*122*

非支配株主持分　*163*
費目別計算　*124*
比率分析　*139*
費用　*81*
費用収益対応の原則　*30*、*51*、*85*、*86*
標準原価管理　*118*
標準原価計算　*128*
評価・換算差額等　*62*、*71*
評価性引当金　*52*
評価方法　*27*
品質管理　*228*

ふ

ファイナンス・リース取引　*38*
負債　*44*
負債性引当金　*52*
負債と資本の区別　*63*
不正リスクへの対応　*227*
不適正意見　*230*
負ののれん　*163*
部分純資産直入法　*25*
部門別計算　*124*
分配可能額　*69*

へ

平価（へいか）発行　*47*
平均原価法　*27*

ほ

包括利益　*187*
報告式　*100*
法人税・住民税及び事業税　*93*

法人税等の調整額　*96*
法人税法　*10*
法定監査　*218*
法的債務　*46*
法的実体　*154*
保険数理士　*54*

ま

埋没原価　*123*
満期保有目的債券　*24*

み

未実現利益の消去　*170*
未認識債務　*55*

む

無形固定資産　*34*
無限定適正意見　*229*、*230*

も

持株基準　*158*
持分法　*173*、*175*
持分法適用会社　*173*

ゆ

有価証券　*23*
有価証券の減損処理　*25*
有価証券報告書提出会社　*220*
有形固定資産　*29*

よ

予算統制　*118*

予想損失モデル　*189*

り

リース会計　*38*
リース債権　*40*
リース債務　*39*
リース資産　*39*
リース取引　*38*
リース投資資産　*40*
利益準備金　*66*
利害関係者　*7*
利害調整機能　*2*
リサイクリング　*187*
流動資産　*18*
流動性配列法　*15*
流動比率　*145*
流動負債　*44*

れ

連結決算日　*160*
連結財務諸表　*154*
連結損益及び包括利益計算書　*168*
連結損益計算書　*168*
連結包括利益計算書　*168*

わ

割引現在価値　*46*
割引発行　*47*

―― 著者紹介 ――

八ッ尾　順一　(やつお　じゅんいち)
　　1951年生まれ
　　近畿大学法学部教授・公認会計士・税理士
　　大阪大学大学院高等司法研究科（法科大学院）招聘教授
　　税理士試験委員（1997年～1999年）
　　公認会計士試験委員（2007年～2009年）
　　在外研究（Visiting Scholar, University of Hawaii William S. Richardson
　　　　　School of Low：2009）

村　山　周　平　(むらやま　しゅうへい)
　　1949年生まれ
　　公認会計士・カルフォニア州CPA・税理士
　　1972年　　等松・青木監査法人（現 有限責任監査法人トーマツ）入所
　　1978年　　同（現デトロイト・トウシュ）ロサンゼルス・ニューヨーク
　　～1996年　事務所出向
　　2011年　　同　退職　公認会計士村山周平事務所　開設
　　2012年
　　～現在　　公認会計士修了考査出題委員

法律を学ぶ人の 会計学の基礎知識

2015年3月30日　発行

著　者　八ッ尾　順一／村山　周平　Ⓒ

発行者　小泉　定裕

発行所　株式会社　清文社
　　　　東京都千代田区内神田1-6-6（MIFビル）
　　　　〒101-0047　電話 03(6273)7946　FAX 03(3518)0299
　　　　大阪市北区天神橋2丁目北2-6（大和南森町ビル）
　　　　〒530-0041　電話 06(6135)4050　FAX 06(6135)4059
　　　　URL http://www.skattsei.co.jp/

印刷・製本　株式会社　太洋社

■著作権法により無断複写複製は禁止されています。落丁本・乱丁本はお取り替えします。
■本書の内容に関するお問い合わせは編集部までFAX（06-6135-4056）でお願いします。
■本書の追録情報等は、当社ホームページ（http://www.skattsei.co.jp/）をご覧ください。

ISBN978-4-433-57394-2